欧米企業に学ぶ
SDGs
転換（ピボット）戦略の現在

サステナブル×次世代×これからの企業価値

古市裕子
Hiroko Furuichi

新潮社
図書編集室

SUSTAINABLE DEVELOPMENT GOALS

1

貧困をなくそう

2

飢餓をゼロに

3
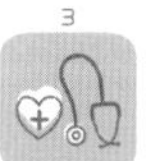

すべての人に健康と福祉を

4

質の高い教育をみんなに

5
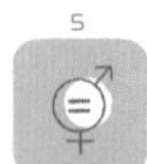
ジェンダー平等を実現しよう

6

安全な水とトイレを世界中に

7

エネルギーをみんなにそしてクリーンに

8

働きがいも経済成長も

9

産業と技術革新の基盤をつくろう

10

人や国の不平等をなくそう

11

住み続けられるまちづくりを

12
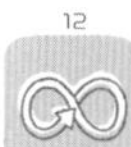
作る責任使う責任

13

気候変動に具体的な対策を

14

海の豊かさを守ろう

15

陸の豊かさも守ろう

16

平和と公正をすべての人に

17

パートナーシップで目標を達成しよう

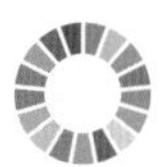

ニューヨークの国際連合本部ビル

若い世代にとってスマートフォンは必須のアイテム（Image by Gary Cassel from Pixabay）

次世代とコラボする企業の存在価値（Image from Microsoft Library）

目次

第3章　Z世代にみるアメリカのビジネス潮流の変化 …59

第4章　欧米企業のSDGsピボット戦略12の実例 …85

装幀／新潮社装幀室
編集協力／HEKN LLC
SDGsイラスト／iStock.com/hisa nishiya

推薦の言葉

ＳＤＧｓという言葉は毎日のように耳にする。本書は、ニューヨークのＺ世代の視点から、読者をＳＤＧｓの世界に引き込んでくれる。

国境を越え連結している若者が地球規模の課題をどの様に内面化し、思い図り、行動に移して未来を背負っていくか。それらの内容を、先端を走る企業が精巧に分析し、新企業モデルとして構築化し、企業・公共利益を生み出していく試みを、本書は紹介している。

新鮮でエネルギッシュな論法は、世代を超えて、一人ひとり何ができるか、自分自身に問いかける契機になるだろう。

黒田和秀（ＮＹ／日本在住）
元国際連合人道支援調整担当官
元世界銀行上級業務担当官
開発コンサルタント、同志社大学講師

はじめに

ＳＤＧｓ（サステナブル・デベロップメント・ゴールズ。持続可能な開発目標）という言葉が日本でもかなり浸透してきました。

しかし、表面的にＳＤＧｓを行おうとすると、本来の目標から逸脱する可能性があります。それを「ＳＤＧｓウォッシュ」と言います（本書第５章参照）。

ＳＤＧｓの理念と目標、さらになぜＳＤＧｓという「地球保全と人間の生活の豊かさを軸と考える目標」が生まれたのか、これまで国連が提唱してきた各年の目標の変遷を辿り、知ることで、より理解が深まることと思います。

私は長年ニューヨークに住み、ジェトロＮＹ勤務の経験を活かしグローバルにビジネス展開する日系企業、特に北米エリアへの進出支援に携わってきました。その一方で、国連大学ＳＤＧｓサステナブル高等研究所、および、国連フォーラムＮＹ勉強会にも所属し、ＳＤＧｓに関する研究情報を日々大量に受信する機会に恵まれています。

そのような現在の立ち位置から、国連本部が提唱するＳＤＧｓの目標や理念、企業が今後いかにサステナビリティという理念をもって展開していくべきかなどのヒントに繋がる講演活動を日本の大学、企業、ＮＰＯｓ、研究学会などでも行っています。

国連が提唱するＳＤＧｓと、サステナブルなビジネス経営志向はとてもつながりが深いものです。今後は、消費者一人ひとりのＳＤＧｓへの気づきや意識向上と、それに伴うグローバルなビジネスを展開する経営者のＳＤＧｓへの真の理解とがイノベーションのチカラとなり、地球環境や豊かな生活の未来を決めると言っても過言ではありません。サステナブルな視点や理解、世代を超えた意識改革と、それに伴うビジネス経営の刷新的な改革が重視されるようになります。その源泉となる考え方が、「バックキャスティング思考」です（本書第5章参照）。

本書を出版しようと思い立ったきっかけは、特に新型コロナウイルス感染症（COVID-19）が世界を襲った二〇二〇年一月以降、後述の通りのＳＤＧｓに関連する沢山の質問が、特に日本の中小企業の経営者の方から、私がＣＳＯを務める弊社 NY Marketing Business Action,Inc. に寄せられるようになったからです。

ＳＤＧｓな観点から、アフターコロナにどのようなビジネス再生のイノベーションを起こしていくか、地球の環境保全と人間生活の豊かさを両輪とし、それらをいかに企業理念に取り入れて社会的な存在価値を向上させていけるかを、次世代の存在意義と企業のビジネス経営に焦点を当ててまとめたいと思います。

【弊社によく寄せられた質問の一部】

「アフターコロナの世界は、どう変わるのでしょうか?」
「国連が二〇一五年に提唱したSDGsの本来の意味と理念は何ですか?」
「二〇二〇年に世界がコロナに襲われてから各国各企業のSDGsの歩みは順調なのですか?」
「今後、サステナブルな観点から事業展開し社会貢献していくために、世界のSDGs達成状況や取組事例を知りたい」

世界が取り組むべきSDGsのスタートは二〇一六年、ゴールは二〇三〇年。残された期間は九年です。二〇二一年一二月、コロナ禍の大きなうねりの中、各国や各グローバル企業のSDGsの取り組みは順調に進んでいたのでしょうか、あるいはどのように変化していたのでしょうか?

SDGsの認知度の上昇(二〇一五年当時世界でのSDGs認知度は、30%にも満たなかった)に加え、コロナをきっかけに、環境問題への人々の気づき、企業の経済活動の在り方が大きく様変わりしているのを実感します。

そして、オンラインビジネスへの転換(新規取り組みや、従来のオンラインビジネスの再組成と強化を含めて)、各国にまたがるグローバル企業の在り方や存在意義、企業の社会的な価値観が改めて問われるようになってきました。

そんな中、欧米企業ではSDGsを目指した「ピボット経営戦略」を実行する事例が多数発生しています。SDGsピボット戦略を実行する企業に相反し、自社の営利のみを追求する従来型の経営方針では太刀打ちできないことに気付き、今こそ事業改善をすべきだと判断した企業が様々なSDGs戦略を打ち出し始めています。

いまや企業理念にSDGs17目標を取り入れ、各業界ごとに企業がパートナーシップを組むことが重要視されています。

それぞれの企業がSDGsの目指すサステナブルな環境への配慮、飢餓の撲滅、食品や健康への配慮、人種差別や児童労働への反対声明を出しているかが重視されています。それらの企業の動きに気づきを持ち意識の高い世代が、次世代の若者達、つまり一〇代～二五歳のZ世代と二六歳～三〇代後半のミレニアル世代です。

※米国で広く用いられている世代別定義によると、ミレニアル世代は一九八一～九四年までに生まれた人口層（二〇二三年時点で二九～四二歳）、Z世代は一九九五年～二〇〇二年に生まれた層（二〇二三年時点で二一～二八歳）とされている。

アメリカの次世代の若者達は、生活に密着した商品やサービスについて、しっかり、かつハッキリと「それは環境保全を意識した商品か、人権侵害によって製造されたモノではないか、持続可能な地球や社会に繋がるSDGsに沿ったモノであるか」を厳しくチェックするようになってきています。

欧米企業は、消費市場で存在価値を認められている次世代たちの気づきや、社会や政治に訴える彼らの声を無視せず、SDGs理念に沿ったピボット戦略を実行しながらイノベーションを起こしています。逆に言うと、従来の売上（儲け）のみを目的とする経営方針では、もはや企業は生き残れません。

生き残れない企業の具体的な例は、

・人権問題や児童労働問題に企業として取り組んでいない
・気候温暖化（環境問題）に企業として取り組んでいない
・原材料から始まりサプライチェーンの情報が不透明である
・ＳＤＧｓが謳う二つの大切な考え方が不透明である
　①誰一人として社会から取り残さない
　②すべての人間がより良い生活をする
・動物保護に反する

このようなビジネスをしている企業はやがて事業展開が立ち行かなくなり、三年で目に見える形で業績は下降していくでしょう。

今後、サステナビリティな理念を企業経営者として表明せずに、かつ多様性（ダイバーシティ）をもった視点で社会貢献を実践しないグローバル企業は、その価値自体が市場や社会から不要な存在となる（＝キャンセルカルチャーの時代。後ほど詳細を記述）でしょう。

そのような観点から、今後の世界の流れを私見として述べたいと思います。

また本著では、二〇二〇年～二〇二一年にかけて、欧米企業が打ち出した「サステナブル

×次世代の意識×ピボット戦略」の事例も取り挙げています。成長を遂げた先進企業も、最初から順風満帆だったわけではありません。

世界の潮流に変化が発生した時、例えばCOVID-19といったパンデミックなどのようなやむを得ない大きな時流にあわせて、事業路線を大幅に変更する柔軟性を持っていることが企業にとって重要になります。

別の視点からいえば、世界の潮流に対し柔軟な姿勢で方向転換できる企業こそが、社会に必要とされ、存在意義を見出すことができ、そして生き残っていく時代です。

ピボットは成功への道筋を探るプロセスであり、数多くそして素早くピボットを行うことが成功への鍵と考えられています。

なお、このようなトレンドを踏まえた上で、第4章では、欧米企業がこのコロナ禍の中で、サステナブルな視点をもって、自社理念や経営ビジネスをどのようにピボット展開したのかも紹介したいと思います。

さらに、SDGs17目標に当てはめつつ、環境への貢献、社会への貢献、経済への貢献を目指して【SDGs×次世代×ピボット戦略】を実装し、どのようにグローバル企業としての存在価値を伸ばしているか、12事例を挙げながらお伝えします。

本書では、以上の内容を踏まえて、

1. SDGsの現状、国連が提唱する本来の意味と理念
2. アメリカのサステナブルな意識の変化

3．アメリカのビジネス潮流の変化
4．欧米企業のピボット戦略の実例
5．我々は何をすべきか【ＳＤＧｓ×次世代×企業価値】への追究
という順で紹介します。

業界によって取り組み方は様々ですが、「今我々は何をすべきか、日本がその波に乗り遅れないように」という願いを込めて、本書を執筆しました。少しでも何かのヒントや気づきになれば幸いです。

※ピボットとは
ピボットとは、「軸足は固定してもう一方の足を使って動く」というバスケットボールの用語ですが、一般には方向転換や路線変更を意味する言葉です。
ビジネス用語として用いられる「ピボット」の場合、「企業経営の方向転換」という意味が含まれています。そして、ビジネスの世界では現行の事業戦略が立ち行かなくなった時、ピボットを行うことで経営の転換がされると考えられています。具体的には以下の通りです。

・ビジネスが事業戦略の壁にぶつかり、軌道修正を余儀なくされること
・今までとは異なるアイデアや企画に取り組むこと
・将来の見通しが立たない事業を分析し、原因を追究すること
・事業展開の可能性がある新たな市場を探求すること

・起業家がグローバル市場に新たな変化を起こしたり、流れを作ること
　などの概念があります。

ピボットを実施する際に、企業戦略として重要なことは「相反する二つの行為を両立させていくこと」と言われています。

①ピボットを実行しても、変えてはならない自社の企業目標や企業理念、経営理念は守り抜くこと
②顧客のニーズに合わせて、顧客や市場が必要とするサービスや製品へ変化すること

もちろん、ピボットしても失敗するケースもありますが、失敗と考えずに成功への事例として取り入れることで、新たに成功をおさめることができた欧米企業が多数あります。近年では従来のピボットに加えて、社会規範や制度を用いたピボット経営戦略による成功例が増えています。

ピボット経営戦略では、次世代のＳＤＧｓ意識をトレンドとして取り入れてピボットすることにより、顧客や社会からの支持を得て企業が生き残る傾向がみられます。

第４章にピボットの実例を掲げていますので、どうぞご覧ください。

第1章

ＳＤＧｓの現状と、国連が提唱する本来の意味と理念

ポイント

▼ビジネスが「どう変わるか？」ではなく、ビジネスを「どう変えるか？」

▼二〇一五年（ＳＤＧｓが提唱される前）までは、「国家間の格差をなくすこと」に照準があてられていたが、ＳＤＧｓ提唱後は「世界が持続可能な開発目標へ」という共通言語で、貧困飢餓の数を（減らすのではなく）「ＥＮＤ＝撲滅＝ゼロにする」と表明している

▼深刻な地球環境問題は、どこかの話ではなく私達の問題である

二〇二〇年にコロナが勃発し世界がロックダウンの状態になったあと、初めてＳＤＧｓという言葉を耳にした方や、ＴＶなどで詳しく聞いた方も多いと思います。

それまで国連の活動や提唱は、先進国や一般の人々にとっては、縁遠い話や活動だったのではないでしょうか？　私の周りにも、ＳＤＧｓの目的は世界の環境問題への対応であり、「国連が途上国の経済と社会改革、人道支援のために行っている活動でしょ」と考えている人がほとんどでした。

確かに、二〇二〇年にコロナが世界を覆いつくすまでは、環境や貧困問題にフォーカスした、先進国と途上国の格差解消、途上国内での政府と民間の格差解消を主な目標にした国連のみの活動と捉えていた方が多いのは否めません。事実ＳＤＧｓ以前のＭＤＧｓ（ミレニアム開発目標）は、実際に途上国の人間開発指数と経済レベルを引き上げることを主な目標としたものでした。

ＳＤＧｓが世界に認知され始めたのは、二〇二〇年のコロナが世界を覆って以降の印象があります。それまでは、国連本部のあるアメリカのニューヨークでも「ＳＤＧｓをご存知ですか?」と周囲に聞いてみても、一般企業、まして個人レベルではそれほど浸透しておらず、「国連がやっている環境活動でしょう」という回答が半数以上（70％）でした。

コロナ以降「アフターコロナがどのような世界になるのか?」あるいは「世界経済やビジネス形態の流れはどう変化すると思いますか?」という質問が多く寄せられます。

特に日本向けオンライン講演会「米国の政治経済の潮流～コロナよりＢＬＭで激変する米国ビジネス事情」でお話しするたびに多くの方々から「今後世界ビジネスはどう動くのだろう」という声を聞きました。

※ＢＬＭとは、ブラック・ライブズ・マター　Black Lives Matter
　アフリカ系アメリカ人のコミュニティに端を発した、黒人に対する暴力や人種差別の撤廃を訴える、国際的な積極行動主義の運動。特に白人警官による無抵抗な黒人への暴力や殺害、人種差別による犯

罪者に対する不平等な取り扱いへの不満を訴えている。

その度に私は「アフターコロナで世界ビジネスがどう変わるか」というより、「私達がアフターコロナのこの世界で、ビジネスをどう変えていくかではないでしょうか？」とお答えしてきました。

ＳＤＧｓを〝突然目の前にあらわれた羅針盤のような言葉〟として捉えている企業や個人の方が多い印象があります。一足飛びに「ＳＤＧｓ目標は何か？」という部分だけを切り取って説明すると、本来の要旨や目的が簡素化されてしまう心配があります。

そこで、まずＳＤＧｓという概念が生まれた経緯、それまで国連は何をターゲットにしていたか、なぜ国連がＳＤＧｓ提唱と同時に17目標（１６９ターゲット）を公表したのか、その歴史的背景と提唱年の流れを踏まえて述べてゆきたいと思います。

まずＳＤＧｓは二〇一五年に突然、国連が提唱したものではなく、それ以前から目標や形態を変えながら三〇年以上も存在・継続してきた理念であることを知っていただきたいのです。

1．一九九〇年代から二〇〇〇年まで

一九九〇年代の国連の目標は、当時の世界平和活動の課題として主に教育と環境に焦点を

当てたものでした。

私の知る限りでは、国連が世界に向けて提唱した最初の共通目標は、一九七二年の国連人間環境会議（ストックホルム会議）で宣言されました。一〇年後の一九八二年には、国連環境計画管理理事会特別会合（ナイロビ会議）が開催されています。その後、教育に焦点をあてた一九九〇年の国際識字年／世界の人々に教育を「ＩＬＹ」(International Literacy Year）があります。これは途上国の子供達の教育を支援する開発目標でした。

このように、国連提唱の目標は、環境と教育にフォーカスした活動が多く、私も、一九九〇年ＩＬＹから、特にユニセフとユネスコのアジア各国の子供達教育支援プロジェクトに関わっていました。

当時途上国を中心に、女性や子供の五人に三人は初等教育が受けられず、文字の読み書きができずに生活していました。この学校に通えない非識字者（文字の読み書きができない人）の比率が、途上国では70％を超えていました（一九九〇年国連調べ）。

また、貧困ゆえに学校に通えず、そろばんや九九の計算などの簡単な算数や読み書きを学べないまま大人になり、ビジネスの場において契約の際に騙されて押印やサインをさせられたり、契約金額を払えないために命を落とす人達が世界（特に途上国）にいました。国連によるそのような調査と情報をもとに「すべての人が初等教育を受ける権利がある」を目標に

ＩＬＹ（国際識字年）は始まりました。

一九九〇年（ＩＬＹ・国際識字年）、日本で「すべての人に教育を！　あなたもできる書き損じハガキで国際協力」というキャッチコピーのもと、世界の子供達が文字を学ぶ目標を掲げたファンドレイジング活動が全国規模で展開されました。

ユニセフ（本部ニューヨーク）やユネスコ（本部パリ）を中心に国連が提唱する支援を日本国内でスタートしたこのファンドレイジング活動は、次第に多くの賛同者が集まり、日本ならではの社会貢献運動として資金調達を仕組化することができました。

具体的には、各家庭に眠る書き損じたハガキを集めるために、新聞やテレビ・ラジオを含む全メディアや新聞各紙に協力を仰ぎ、北海道から沖縄まで呼び掛けて、切手が印字されている未使用のハガキや年賀状を収集し、行政、企業、ＮＧＯとパートナーシップを組み資金化を構築したものです。一九九〇年～一九九三年の間に一〇万枚以上のハガキを集め、合計一〇〇〇万円以上の資金が集まりました。

その資金を、国連ユニセフ＆ユネスコの特別国際小切手（ユナム券）として、カンボジアに二五〇万円、ラオス、インド、インドネシア、タイ、中国内モンゴル自治区にそれぞれ一〇〇万円ずつ、子供達の学校建設のために送金しました。今でもこの識字（書き損じはがき）活動からの資金化は、日本国内で引き継がれて三〇年以上続けられています。

このＩＬＹ１９９０国際識字年のパートナーシップ型展開は、二〇一五年に提唱されたＳＤＧｓの「17番：パートナーシップで目標を達成する」に当てはまるものです。

ＩＬＹから三〇年以上経った二〇二一年でも、地球人口七九億人のうち、人権侵害や健康を害して死亡する五歳未満の子供達の数は、年間五〇〇万人にものぼります（ユニセフ調査データ）。

国連は二〇一六年から世界の貧困対策を含め各国の教育格差をなくし、高等教育を継続し、二〇三〇年までにその貧困飢餓の数を「撲滅＝ゼロにする」という大きなＳＤＧｓ目標を掲げるまでに至っています。

もう一つ、国連が目指す長期間の大きな課題として「地球温暖化対策（環境）」があります。

一九九二年ブラジルのリオ・デ・ジャネイロでの地球環境サミットは、大きな国際会議として開催されました。地球温暖化現象や自然破壊が、身近な問題として可視化され、一九九七年の「気候変動に関する国連枠組条約の京都議定書」環境会議では、温室効果ガスの排出抑制と削減目標が提唱されました。その後、二〇一六年のパリ協定（ＣＯＰ21）に引き継がれ、京都議定書から一八年ぶりに気候変動枠組条約として採択されました。

人々の生活に影響を及ぼす自然災害が世界各地で近年多発しています。いまや地球温暖化

主な国連提唱の流れ

1972年　国連人間環境会議（ストックホルム会議）　**環境**

1982年　国連環境計画管理理事会特別会合（ナイロビ会議）　**環境**

1990年　International Literacy Year 国際識字年　**教育**

1992年　Earth Summit @Rio de Janeiro（リオ会議）　**環境**

リオ地球サミット 国連環境開発会議

環境と開発をテーマとする首脳レベルでの国際会議

2001年 Millennium Development Goals ミレニアム開発8目標　**経済格差**

ミレニアム開発（経済格差をなくす）

2002年　Earth Summit @Johannesburg　**環境**

地球サミット 持続可能な開発に関する世界首脳会議

（ヨハネスブルグ地球サミット2002）

2012年　Earth Summit @Rio de Janeiro+20　**環境**

Rio+20、地球サミット 2012国連持続可能な開発会議

2015年　Sustainable Development Goals 持続可能な開発17目標　**持続**

現象への対策は、重要かつ急務な課題です。

二〇二一年八月にIPCCが世界に公表した「気候変動に関する政府間パネル（IPCC）報告書」は、コロナ後のもっとも急務な課題として各国の政府や企業連合、シンクタンクやNPOが連携し人類が早急に取り組むべき課題として警鐘を鳴らしました。

これを受け二〇二一年一一月にイギリスのグラスゴーで行われた国連気候変動枠組条約第二六回締約国会議（気候変動サミット・COP26）でも、その目標は継続して討議され、パリ協定の枠組をさらに強化したものとして採択されました。（詳しくは、本章の「3．国連気候変動サミット：日本への評価は『化石賞』」と「第4章　欧米企業のSDGsピボット戦略12の実例　11．企業と官民行政・シンクタンク・NPOの連携必須――国連　気候変動」を参照）

※IPCCとは、気候変動に関する政府間パネル。国連環境計画UN Environment Programmeと世界気象機関World Meteorological Organizationによって設立され、気候変動、その影響と将来的なリスクの可能性に関する科学的評価を政策決定者に定期的に提供するとともに、適応と緩和の戦略を提案する、気候変動に関する科学的見解を担当する機関。

二〇二一年八月九日に発表されたIPCC第六次評価報告書の第一作業部会報告書に関して、国連事務総長は政府のみならず、市民社会も企業も含め、あらゆる分野のリーダーの協力と連携が必要だと訴えています。

（英文ウェブサイト：United Nations Secretary-General〈Secretary-General's statement on the IPCC Working Group 1 Report on the Physical Science Basis of the Sixth Assessment〉)

2．二〇〇一年から二〇二一年

一九九二年のブラジルのリオ・デ・ジャネイロでの地球環境サミット国際会議以降は、主な国連の開発目標として、二〇〇一年にＭＤＧｓ（Millennium Development Goals：ミレニアム開発目標）が目標化されました。ＭＤＧｓは二〇一五年開発アジェンダとして八つのターゲットを打ち出しています。

（1）ＭＤＧｓミレニアム開発目標

環境課題とともに注目すべき課題は、二〇〇一年に提唱されたＭＤＧｓ（ミレニアム開発目標）であり、ＭＤＧｓから二〇一五年のＳＤＧｓ（持続可能な開発目標）へと繋がりました。

ＭＤＧｓは、国連が二〇一五年までに途上国の経済格差をなくすための開発目標として八項目のターゲットを二〇〇一年に提唱したものです。

その中核は、教育・環境と、貧困・健康の格差を改善すること、さらに、先進国と途上国の間の経済格差、および当該国内での政府と民間の経済格差をなくすために協力しあうことが目標として掲げられました。

このようにMDGsは、特に途上国の人々が直面する多くの問題を解決する原動力となりました。具体的な目標値を掲げ、一五年間の年月をかけて世界が一丸となって取り組んだ結果、多くの命が守られ、人々の生活環境が改善されたのです。

その一方で、MDGsの達成状況を国・地域・性別・年齢・経済状況などから調査分析すると、様々な格差の広がりが浮き彫りとなり、社会から「取り残された人々」が以前より増加したことが大きな問題となりました。

(2) MDGsからの教訓

二〇〇一年から始まったMDGsは、マクロの視点から見れば全体的に成果があったと報告されていますが、ミクロの視点からは各国間および当該同国内での政府と民間の経済格差がさらに広がる結果となり、ある意味、良い経済開発には繋がらなかったといえます。

つまり、富裕層はさらに裕福に、貧困層はさらに貧困に陥る問題点が浮き彫りになりました。

その教訓を踏まえ、MDGsを進めながら二〇一〇年頃~二〇一五年の五年間かけて、SDGs17目標のターゲットを改めて策定し、ポスト二〇一五年開発アジェンダとなる世界17目標を定めた『持続可能な開発目標（SDGs）』が、二〇一五年九月二五日のニューヨーク国連総会にて採択されました。

SDGsは二〇三〇年までの開発の指針として、[No One Left Behind] 人の格差をなくす（＝誰一人として取り残さない）を重要な柱とし、さらに［Well Being]人間が自由によりよく生きる「人間の幸福」にフォーカスした目標を掲げ、国連SDGs憲章（UN Resolution A/RES/70/1）にその言葉を明確に取り入れました。

二〇一五年にSDGs憲章が成立したことで、MDGsの取り組みをさらに強化するとともに、新たに浮き彫りになった課題も追加された包括的な目標へと進化したのです。

（3）MDGsとSDGsの違いとその後の課題について

MDGsは貧困や教育、衛生など途上国の課題を中心に定められたのに対し、SDGsは先進国も含むすべての国の目標として、気候変動や生産と消費の問題など先進国が取り組むべき課題が含まれています。

SDGsは「誰一人として取り残さない」という包摂性が大きな特徴です。MDGsがSDGsとなり何が変わったのかを具体的に表したのが下の図です。

MDGs から SDGsへ
MDGs (2001-2015年)

・途上国のための目標
・目標値の設定が全世界共通
国連の専門家主導の
トップダウン
SDGs (2016-2030年)

・目標値の設定が国地域レベル
加盟各国の交渉による
ボトムアップ
出典：日本ユニセフ

3. 国連気候変動サミット：日本への評価は「化石賞」

二〇二一年一一月一日、〈国連気候変動枠組条約第二六回締約国会議〉（通称ＣＯＰ26）がイギリスのグラスゴーで開幕しました。

今回のＣＯＰ26会議には、約一三〇か国の首脳や政府代表が参加し、左記のテーマに沿って各国代表が話し合いを重ね、一一月一三日にグラスゴー気候採択合意を制定し閉幕しました。

「ＣＯＰ26〜イギリスのグラスゴー２０２１〜」

日々議論のトピックは以下の通りです。

リーダーズサミット開会式
エネルギーデー
次世代若者デー
国際気候アクションデー
適応・損失と損害デー
ジェンダーデー

気候変動に
具体的な対策を

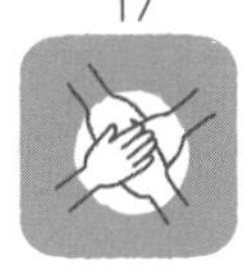

パートナーシップで
目標を達成しよう

科学とイノベーションデー
人権デー
交通デー（ゼロ・エミッション）
都市デー

最終日の採択合意には、気温上昇を1・5度に抑制する「努力追求」と、パリ協定のルールブックの完成などが盛り込まれました。

主な項目の合意ポイントは後述の通りです。

（1）合意のポイント（要点のみ）

●【1・5度】
「COP26」の大きな焦点となったのは、世界の平均気温の上昇を1・5度に抑えることで各国が一致できるかでした。成果文書では世界の平均気温の上昇を1・5度に抑える努力を追求することを決意するとしました。

※地球温暖化を1・5度以下に抑えるという目標とは
「コロナ禍でも気候変動は進んだ。1・5度目標を達成するため、パリ協定での約束をグラスゴーが実現する」と議長国イギリスが、石炭火力、ガソリン車、森林破壊の停止を提案したもの。先進国は二〇三〇年まで、途上国は二〇四〇年までにそれらを廃止する「グリーン・ニュー・ディール」＝緑

の産業革命を起こそうと呼び掛けていた。

●【資金】

発展途上国の気候変動対策を促すため、先進国が資金支援を強化することも盛り込まれました。途上国の気候変動対策への支援として先進国が約束している年間一〇〇〇億ドルの拠出を二〇二五年まで着実に維持するとともに、あらゆる資金源から資金を集める必要があると認識を強化しました。

●【石炭】

二酸化炭素を多く排出する石炭火力発電について段階的な削減が明記されました。最終的には、先進国と途上国の目標値の差を鑑み、「努力を加速する」と表現が弱められた上、採択の直前インドなどの主張を受けて「段階的な廃止」が「段階的な削減」へとさらに弱められました。

●【パリ協定のルール】

気候変動対策の国際的な枠組み「パリ協定」の着実な実施に向けたルールについても、各国が合意に至りました。

パリ協定でも二〇三〇年までに各国の温室効果ガス削減目標を達成すると定義されていましたが、今回の議論の焦点となったのは、各国は削減量の透明性を提示すること、支援をする側と支援される側による「削減量」の二重計上を防ぐということが明確化されました。さらに、排出量の増加につながらないように努力追求することが盛り込まれました。

今回のCOP26の環境会議は、今までの地球温暖化環境サミット以上に注目された会議となりました。

なぜなら、近年世界各国で発生している大規模な山火事や、洪水、氷点下現象など環境災害の頻度が、例年より三倍以上に増えているからです。二〇二〇年の地球温度が一八五〇～一九〇〇年に比べて摂氏1・09度も高いというデータ調査も明らかになり、自然災害の多発を防ぐためには地球温暖化を抑える（地球気温の上昇を1・5度以下に維持する）取組みが必須です。

各地各国で自然災害の頻度が多発していることは、本書第4章の「11．企業と官民行政・シンクタンク・NPOの連携必須――国連　気候変動」で述べています。この現象を真剣に受け

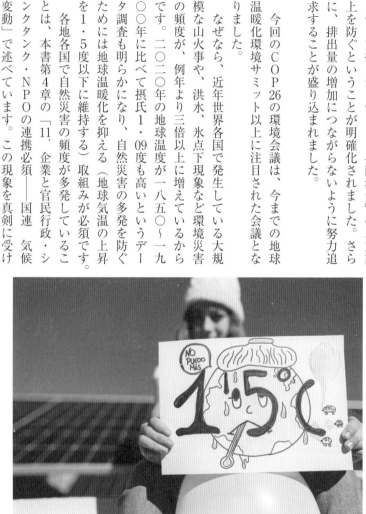

止めるようアントニオ・グテーレス国連事務総長も「人間の営みが原因で環境が破壊された結果だ」と警告しています。

その中でも特記すべきことは、昨今の環境問題を懸念し、なんとかしようとする意識の高い次世代の若者たちが、世界中からグラスゴーに集結し、環境保全を訴える抗議デモを行ったことです。特に、環境活動家で知られるスウェーデンの高校生（当時）グレタ・トゥーンベリさん（二〇一九年九月にニューヨーク国連総会で、環境問題を訴えた）は、今回のＣＯＰ26の採択決議に対して「会議は形だけのものだった」と批判しています。

●熱気ある環境デモ。次世代の若者たちの声がグラスゴーの空に響く。

会期五日目はユース（次世代若者）デーでした。

イギリスの議長が「この会場に若者がいない、最も影響を受ける若者がこの話し合いから排除されている。気候危機をもたらした人達だけでなく新しい考えをもつ若者こそ議論に入るべきだ」そして「気候危機をもたらした人達だけが議論するのではなく、新しい考えを持つ若者こそこの中に入れるべき」と述べたことは印象的でした。

このような会議の動きに呼応するように、環境に関心のある世界の次世代の若者たちが立ち上がりはじめたのです。

●世界の小学生たちも未来の環境を守るために声を上げました。

World leaders listen！　Kids are calling out！（聞いて、世界のリーダーよ、子どもの声を）

スコットランドの若者団体フライデーズ・フォー・フューチャー・スコットランドが呼びかけた世界気候マーチ（気候変動・温暖化に具体的な政策・行動を求める国際的なストライキ、また抗議行動）で一所懸命訴える子どもたち。

六日目の国際気候アクションデーには、小学生たちの影響をうけて、環境抗議デモに各国の市民も参加し、グラスゴーでは大地から湧き出すように街路を埋め尽くす人波（#声をあげる）が続きました。

さらに、この環境デモのムーブメントは続き、「世界気候マーチ」には、若者はもちろん、あらゆる世代の人たちが参加した大規模な行進が連日行われました。ＷＷＦジャパンの現地リポーターは、「グラスゴーは今日、気候変動の解決を願う若者と多くの世代が集まり熱気に満ちている」とリポートしました。

このように環境に配慮した政策を訴える次世代の熱気とパワーは、グラスゴーから世界に向けて展開しています。各国でも少しずつですが運動が起こり、人権問題の改善や環境への配慮に大きな影響を与え始めています。

世界の次世代たちは、現実を悲観的に捉え、難しい顔をして抗議運動を行うのではなく、未来への希望を声高らかに、軽快な音楽に合わせて踊りながら行進したのです。数万人が参加した世界気候マーチ（行進）は何㎞にもわたって行われました。

世界中が注目したＣＯＰ26グラスゴー環境会議の開催期間では、わずか数日のうちに数万人が参加する世界気候マーチが行われ、若者中心に「今こそグリーン・ニュー・ディールを」と声が上がり、気候変動と経済格差の改革を目指す〝緑の政策〟を求める行進は、歴史的な規模になりました。

もう一つ、次世代の若者達が大きな声を上げて訴えたことがあります。それは日本に対してです。厳しい意見となってメディアにも取り上げられました。

(2) 日本は?

●各国の若者が日本に伝えたいメッセージとは?

ハフポスト／フライデーズ・フォー・フューチャー・ジャパンが現地報告として取り上げました。

それは、二日目にスピーチを行った日本の岸田文雄首相の発言内容に対してでした。

岸田首相は、「二〇三〇年までに二〇一三年比でCO_2を46％削減する」と表明しました。しかし議長国イギリスが求めた石炭火力の廃止には言及せず、むしろ火力発電が今後も必要であり、石炭火力のゼロ・エミッション化で貢献すると主張しました。

この演説に対し若者たちは、「環境の重要性を考慮していない」と抗議の声を上げたのです。

●日本への「化石賞」は名誉なことではない。

世界一三〇か国からなる市民団体CANインターナショナルは、石炭火力の廃止を大きなテーマの一つに掲げる会議で、石炭火力を維持する姿勢を示した日本に対して、「化石賞」を授与しました。

これは、あまり名誉なことではありません。日本は意識が低過ぎると問われ、責任ある先進国としての対応を求められたことになります。今後、グローバルな潮流から取り残される可能性のある日本への警告だと捉えることもできます。

※**化石賞**とは

国連気候変動交渉会議などの会期中、地球温暖化対策に対する姿勢が積極的でない国などに対して非難と皮肉を込めて授与される賞。国連やCOPと関

わらずに気候変動問題に取り組む、世界の九〇〇を超える環境ＮＧＯをまとめる気候行動ネットワーク（CAN：Climate Action Network）が主催し、一九九九年にドイツのボンで開催されたＣＯＰ５の会期中から表彰を開始した。化石という名称には、温室効果ガスを発生させる化石燃料 fossil fuel という意味とあわせ、現代に残る古い考え方に対する批判の意味も込められている。（出典：コトバンク）

（３）そして閉幕：世界意識は脱炭素「ネットＺＥＲＯ」

今回の環境会議では脱炭素を目標とし、火力発電をネットゼロにする意識が高まりました。地球温暖化現象を緊急課題として受け止め、真剣に取り組もうとする各国の決意がヒシヒシと伝わってきました。

途上国では、インドが二〇七〇年までに、タイとベトナムは二〇五〇年までにと、ネットゼロに踏み込む国が増えてきました。

この日も、各国が「ネットＺＥＲＯ」を誓約

する中、次世代若者たちがグラスゴーに集結し、「環境保全を優先せよ」と脱石炭火力抗議デモを繰り広げていました。

各国の制約や動きは後述の通り。最終的に一九〇の国と企業が脱石炭を約束しました。

■イギリス（議長国）

エネルギー・産業戦略大臣は「二〇二四年までに石炭火力を全廃し、緑の産業革命で新しい時代をつくる」と宣言。

■スウェーデン

環境大臣は、「化石燃料の時代は終わった。再生可能エネルギーこそが私たちの未来だ。我が国は石油と天然ガス採掘・探査の禁止を法制化する」と、「脱石油・天然ガス連盟」の設立総会で宣言。

■デンマークとコスタリカ

「脱石油・天然ガス連盟」の設立を主導。

■アメリカ

二〇三〇年までに石炭火力発電所一八三基を全発するとジョンケリー氏言及。関連の新規建設が続々中止、既存も減少。

国連総会二〇二三の結果と今後

国連総会では二〇二三年九月二四日、今までのＳＤＧｓ効果は限定的で、政策と実行が言説的なものに留まっていることが露呈し、さまざまな課題を残して閉会しました。

ＳＤＧｓの折り返し年にあたるこの年、１６９にのぼるターゲット達成率は15％に留まりました。これを受けてグテーレス事務総長は「危機的状況にある」と懸念を表明しました。そして、「持続可能な経済とビジネスへの移行のため、消費と生産の流通パターンを根本的に変革する」と決意表明し、今後のＳＤＧｓへの取り組みを示唆しました。

その一つに、二〇三〇年の目標達成に向けたＳＤＧｓの相乗効果「コベネフィット」に注目し、世界の流通サプライチェーン網の改革が必要だと強調しています。また政策介入の脆弱さと遂行する意志の欠落が問題だと指摘する声も上がり、各国政府や企業、ステークホルダーや国民の意識向上が必要不可欠との認識で一致しました。

政治宣言では、①途上国への資金援助の公約、②毎年五〇〇〇億ドルの景気刺激策、③効果的な債務救済メカニズムの提案、④再生可能エネルギーへの投資促進、⑤すべての人のインターネット接続と教育普及、⑥失業者四億人へのディーセントジョブ（働きがいのある人間らしい雇用創出）などが盛り込まれました。

二〇二三年総会で示唆された今後のＳＤＧｓ行動計画は、先進国から途上国支援へのコベネフィットアプローチを強化することになります。世界経済を持続可能なビジネスモデルに作り変えるためには、製造から消費までのサプライチェーンを透明性の高いものに転換し、ＳＤＧｓ達成度を底上げすることが今後の重要課題となるでしょう。

第2章
アメリカにおけるサステナブルな意識の変化

ポイント

▼サステナブルという言葉が一般に浸透
▼コロナにより二極化する
▼新規ＳＤＧｓ戦略に切り替えた企業の九割は、今も業績が上昇している

1．あなたはＳＤＧｓという言葉を聞いたことがありますか？

二〇一九年三月の朝日新聞による意識調査「あなたは『ＳＤＧｓ』という言葉を聞いたことがありますか？」に対して、日本人の約27％がＹＥＳと答えています。

ところが、二〇二〇年～二〇二一年の「朝日新聞２０３０　ＳＤＧｓで変える」の調査によると、すでに50％まで認知度は上昇しており、ＳＤＧｓ、サステナブルという言葉が、一年で一気に社会に広がり浸透したことが分かります。

2．二〇二〇年に世界がコロナに襲われてから各国各企業のＳＤＧｓの歩みは？

コロナ前の二〇一九年一一月、アントニオ・グテーレス国連事務総長がフィナンシャルタイムズ紙に寄稿した「持続可能な開発に向けた歩みは、達成への軌道から外れている」を、

国連広報センターはウェブサイト（unic.or.jp）に掲載しました。

二〇一六年～二〇一九年まではある程度の前進は確認できるものの、ＳＤＧｓで掲げた17目標の各国の達成度の見通しは厳しいものとなりました。特に企業ビジネスリーダーに向けて「一刻も早く行動を」と強く警告しています。

二〇二〇年にはコロナが世界に蔓延し各国でロックダウン状態となり、一部を除いて物流の動きが停滞、人々の海外渡航が90％ダウンしたことから観光立国は大打撃を受け、従来の世界経済の流れと動きが大幅にスローダウンしました。

3. 進む二極化「K字型」

逆にＧＡＦＡ（Google, Apple, Facebook, Amazon）などＩＴに強い企業のオンライン化ビジネスやリモート交流が拡大し、グローバル企業のＫ字回復が顕著となりました。

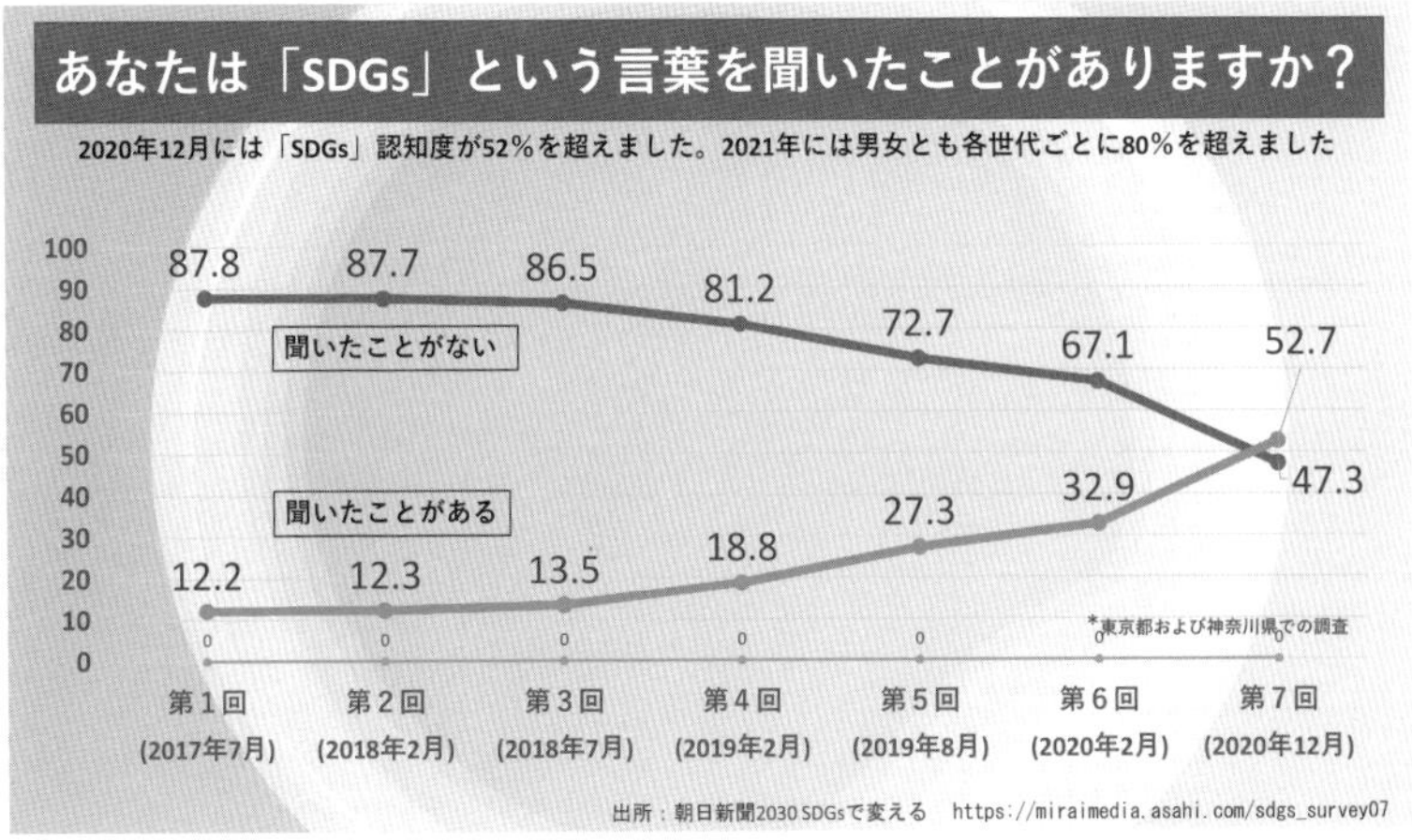

あなたは「SDGs」という言葉を聞いたことがありますか？

2020年12月には「SDGs」認知度が52％を超えました。2021年には男女とも各世代ごとに80％を超えました

	第１回 (2017年7月)	第２回 (2018年2月)	第３回 (2018年7月)	第４回 (2019年2月)	第５回 (2019年8月)	第６回 (2020年2月)	第７回 (2020年12月)
聞いたことがない	87.8	87.7	86.5	81.2	72.7	67.1	47.3
聞いたことがある	12.2	12.3	13.5	18.8	27.3	32.9	52.7

＊東京都および神奈川県での調査

出所：朝日新聞2030 SDGsで変える　https://miraimedia.asahi.com/sdgs_survey07

新型コロナウイルスの影響が長期化する中、最終的な損益が「増益」となった企業が50%、「減益」または「赤字」となった企業が48%（ほぼ50%）とに分かれる結果となりました。K字回復とは、業種によって「K字型」に二極化が鮮明に分かれるという概念です。

パンデミックにより、グローバルな繋がりや経済の流れが、従来のグローバルなサイクル構造から一気に激変しました。多くの人たちがコロナで亡くなり、経済活動の主流となる企業の倒産や破産申請が半数以上にものぼり、事業を継続できている企業は、生き残りに苦行を強いられています。

その一方で、コロナ禍でも業績を二倍以上に伸ばした企業もあるのです。コロナで業績が伸びた会社とコロナで倒産した会社、K字回復といわれているこの二極化現象は、何が分岐点となったのでしょうか？

このK字回復で分かることは、コロナで自由に活動できなくなった企業も人も、すべての活動を、デジタル化やオンライン化に移行せざるを得なくなった現象への対応です。

コロナ禍でも生き残って業績を伸ばしている企業は、いち早く、業務のデジタル化やオンライン化に移行しています。当たり前のことのように思われますが、古い企業体質の会社には厳しい現状であり、そのような企業はグローバルな流れから遅れてしまっています。

次に、このグローバルな時代の流れに見合う新しいサステナブルな戦略に方向転換した企業はK字回復の上昇に乗りました。コロナに襲われる世界の変化に柔軟に対応してきた企業、消費者の動向や声をきちんと経営戦略に取り入れて新規ＳＤＧｓ戦略に切り替えた企業の九割は、今も業績が上昇しているのです。

逆に、その流れに乗り遅れた企業や新しい戦略を打ち出せない企業は、活動も業績も衰退しています。多くの企業が倒産申請し、ビジネスを閉鎖したグローバルな現象が二〇二一年上半期で顕著に現れました。

欧米でのＳＤＧｓ戦略、特に欧州各国でのＳＤＧｓを取り入れた経営戦略は、日本のそれより進んでいると言われていますが、コロナのあとＳＤＧｓに注目して活動が急激に活発化した訳ではありません。

確かに、コロナによって世界的な経済の動きと人の流動性がスローダウンした結果、大きな目標としてＳＤＧｓが意識されるようになったことは明らかです。

日本では、コロナになってＳＤＧｓという言葉の認知度が高まりました。サステナビリティとは持続可能な開発目標17のことであり、国連が二〇一五年に提唱したものとして意識、認識した企業や人々が75％以上となりました。

一方で、欧米では、従来から全体の50％以上の企業や人々が、それをＳＤＧｓ活動と意識せずとも自然体でサステナブルに沿う環境保護活動を実施していました。

近年は特に、サステナブルな商品やサービスの提供と社会貢献について、ＳＤＧｓに沿った取り組みを始めている欧米企業が多くみられます。それらの事例は、「第4章　欧米企業のＳＤＧｓピボット戦略12の実例」にて紹介します。

4．世界のＳＤＧｓと日本のＳＤＧｓとは？

（1）ＳＤＧｓとは？　サステナブルな世界に今、必要なこと

二〇二〇年にコロナが世界中に蔓延してから、先進国、特に日本ではＳＤＧｓの認知度が上がっていますが、その反面、企業の経営者が自社利益を優先し追求するために「サステナビリティ」という概念のみを使っていることが懸念されます。

もしそうなら、この地球に起こっている環境破壊や各国の人種差別など、多くの問題は解決されないままに、二〇三〇年を迎えることになるのは明らかです。もちろん、二〇三〇年でサステナブルな活動は終わりではありません。何らかの形で地球環境や社会構造の調整は、その後も継続され、我々の世代だけでなく次世代に引き継がれていくことになります。

国連が二〇一五年に提唱したＳＤＧｓ（持続可能な開発目標）を達成する二〇三〇年まで、残り半分を切りました。二〇一五年に国連で開催されたサミットで二〇三〇年までの長期的な開発の指針として「持続可能な開発のための２０３０アジェンダ」が採択され、その中核理念となる「持続可能な開発目標」をＳＤＧｓと呼んでいます。

ＳＤＧｓは、地球社会が持続可能な成長と発展を続けるために、17のゴールと１６９のターゲットを掲げています。誰一人として取り残さないことを目指し、世界各国が一丸となっ

て達成すべき目標として構成されているのが特徴です。（本書では、１６９に細分化されたターゲットは省略します）

地球＝「ＳＤＧｓ発想（目標）」を中心に、その周りをキー惑星＝「環境」「人間」「社会」「経済」というＳＤＧｓを支える重要課題が取り囲んで回っているイメージです。

★SDGs17項目の具体的目標一覧★

国連サミットでは具体的な目標として
17のゴールを提唱。

抄訳・簡易早わかり版

1.	No poverty	経済格差	貧困に終止符を打つ
2.	Zero hunger	食料	飢餓をゼロに
3.	Good health and well-being	医療・健康	すべての人に健康と福祉を
4.	Quality education	教育	質の高い教育をみんなに
5.	Gender equality	社会平等	ジェンダー平等を実現しよう
6.	Clean water and sanitation	水衛生	安全な水とトイレを世界中に
7.	Affordable and clean energy	エネルギー	エネルギーを皆に クリーンに
8.	Decent work/Economic growth	経済成長	働きがいも経済成長も
9.	Industry, innovation, infrastructure	産業基盤	産業と技術革新の基盤をつくる
10.	Reduced inequalities	不平等	人や国の不平等をなくそう
11.	Sustainable cities, communities	住宅	住み続けられるまちづくりを
12.	Responsible consumption, production	意識改革	つくる責任 つかう責任
13.	Climate action	環境・気候	気候変動に具体的な対策を
14.	Life below water	環境・海	海の豊かさを守ろう
15.	Life on land	環境・陸	陸の豊かさも守ろう
16.	Peace, justice, strong institutions	人権と平和	平和と公正をすべての人に
17.	Partnerships for the goals	共同共生	パートナーシップで目標を達成しよう

<参照:United Nations.国連開発計画駐日代表事務所、globalgoals.org>

（2）NYで初のSDGs首脳級会合開催（二〇一九年九月）国連で共同宣言

二〇一五年に国連がSDGsを提唱してから四年経過した時点では、SDGsの活動や人々の理解度に普及の遅れが目立っていました。

再度、共同宣言を行い同じ意識レベルにするため、二〇一九年九月にニューヨークで初のSDGs首脳級会合が行われ共同宣言が出されました。グテーレス国連事務総長は「我々はあるべき姿からかけ離れている」と述べ、サステナブルな持続可能社会を目指すことを各国共通の意識として、改めてその意義と意味を強調しました。

共同宣言では、人権問題、貧困撲滅や女性活躍など多くの分野における進捗の遅れを憂慮し、行動を加速する必要があるとし、国家間の経済格差が拡大していることについても危機感を示し、持続可能な世界のあり方にむけて各国が取

国連内部会議場（iStock.com/Viktor Sidorov）

り組むべき目標を記しています。

（３）ＳＤＧｓと投資：グローバルな視点でＳＤＧｓが企業間で話題になっている理由とは

世界に目を向けると、それに先駆けた動きがありました。きっかけは二〇〇六年、当時の国連事務総長であるアナン氏が金融業界に向け、責任投資原則（ＰＲＩ：Principles for Responsible Investment）を提唱したのです。

これは、大規模な投資を行う企業・金融機関などの投資家が、プロジェクト案件や企業に対し投資をする際に、ＥＳＧ［環境（Environment）・社会（Social）・ガバナンス（Governance ＝企業経営）］の3点を反映させることを指しています。

投資家は企業へ投資する際に、その会社の財務情報だけを見るのではなく、環境や社会への責任を果たしているかどうかを重視すべきであ

ESG 投資とは・・・
企業経営
Governance
行動規範・経営の透明性
監査体制・株主との対話
リスクマネージメント
ステークホルダーとの関係
社会
Social
労使関係
地域社会との関係
人権問題
ダイバーシティ
環境
Environment
脱炭素対応・大気汚染問題
水質汚染・ゴミ廃棄問題
森林海洋問題・
生物多様性への対応
●これらに配慮している企業に投資
●売上高や利益、保有財産など財務諸表だけでなく、ESG: 非財務情報(環境や人権への貢献度) も考慮する投資

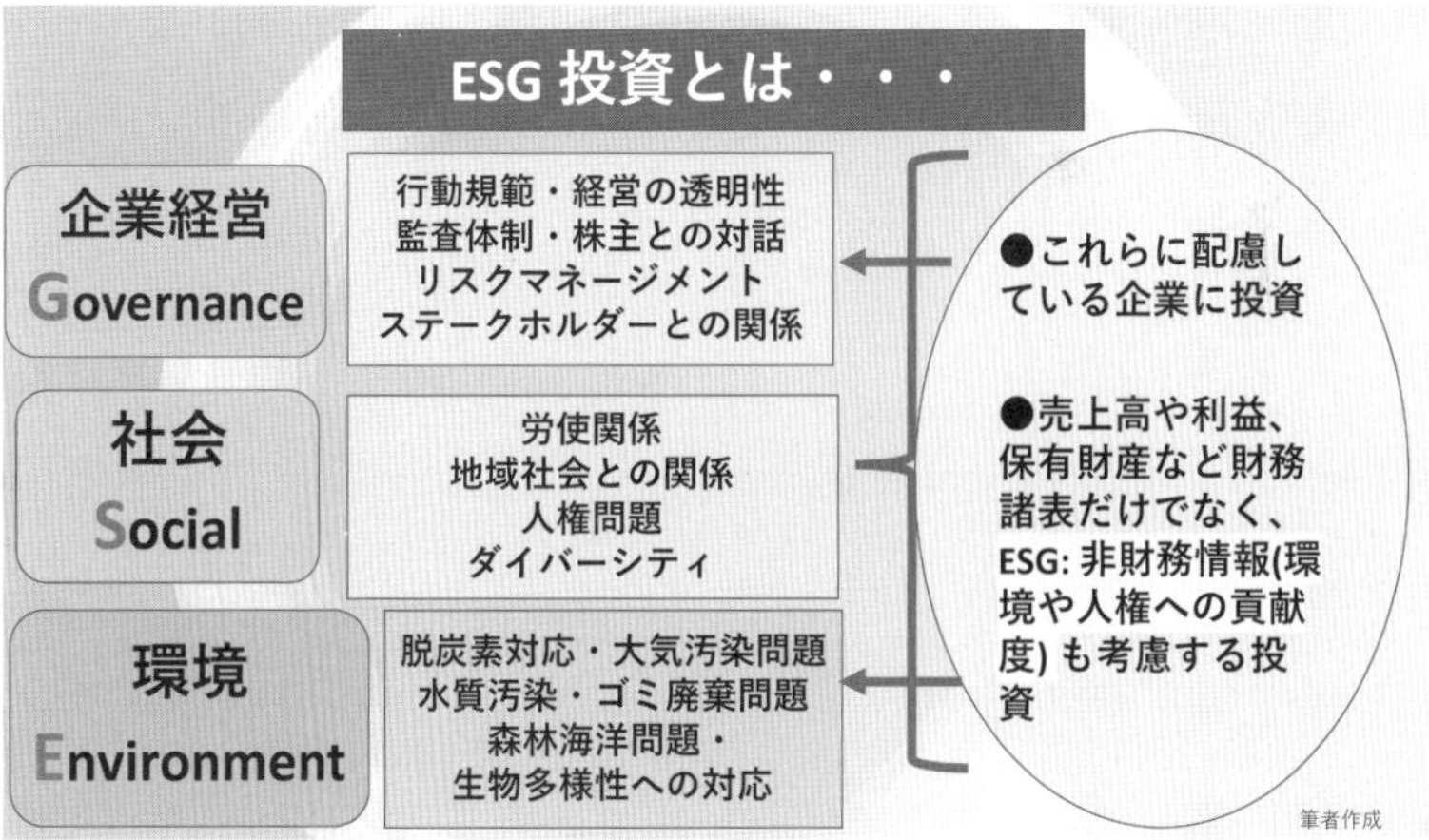

筆者作成

ると国連が提唱しました。これによって投資を受けるグローバル企業の間にも、よりＥＳＧを重視する動きが広まったのです。

いまやＳＤＧｓは、グローバル化を目指す欧米企業にとって、サステナブルな企業価値とＥＳＧ〈環境・社会・ガバナンス〈企業経営〉〉を掛け合わせて考える上で大きな指標になっています。

（４）コロナ感染で多くの欧米企業が倒産する中、ＳＤＧｓをベースにＥＳＧ投資を含む「企業改革」が急務

コロナに世界が襲われた二〇二〇年上半期以後、企業存続とその価値を目指す共通認識のキーワードとして、サステナブルなＩＴデジタル（オンライン）化と、ＳＤＧｓ（17項目のうち特に環境・社会貢献・人と働き方）への配慮が注目されました。これからの企業は「変化を非常事態」とするのではなく「常態」として取り組む変革力が必要であると名和高司教授（一橋大学大学院経営管理研究科の特任教授であり日本の経営コンサルタント。経営学者。ハーバード・ビジネススクール卒・東京大学法学部卒）は指摘します。

グローバル化に展開する企業の動き

●ニューヨークの五番街にフラッグシップストアをもつユニクロ（株式会社ファーストリテイリング）の柳井正社長（当時）が「Change or Die」（変革か倒産か）という経営方針を掲げています。

●欧米の大手企業では、コカ・コーラ（飲料）、アバンティウム（化学）、H&M（アパレル）、グッチ（ファッションブランド）など多くの企業が、「サステナブルな常態」（ＳＤＧｓ）を目指した取り組みを表明しています。

各社の共通点は、いずれも各企業のトップリーダーが絶大なカリスマ性を持っているとい

う点と、ＳＤＧｓに基づく企業の存在価値を追求している点です。企業の存在価値とは、「パーパス経営」とも言われています。そして、ＳＤＧｓ17項目の中で、今もっとも欧米企業が取り組んでいる目標が【地球環境】への配慮や【教育】【人権平等】です。二〇二〇年のコロナ危機を経て、変革力という動的能力（ダイナミック・ケイパビリティ）を実行するチカラのあるグローバル企業こそが、コロナ危機を乗り越えて一歩先をゆくニューノーマルなＳＤＧｓ新市場の時代に順応し成長するのです。

5．ＳＤＧｓとＥＳＧとＣＳＲ

右に挙げた三つは、社会および企業そのものの持続性を高める共通の目的があるため、切り離して考えるべきではありません。

ＳＤＧｓはビジネスモデルのなかに、社会・環境に貢献する新たな事業機会を見出すイメー

SDGs / ESG / CSR

SDGs：持続可能な開発目標
Sustainable Development Goals
サステナブル・デベロップメント・ゴールズ

ESG：環境保全・社会貢献・健全な企業経営への投資
Environment, Social, Governance
エンバイロンメント・ソーシャル・ガバナンス

CSR：企業の社会的責任
Corporate Social Responsibility
コーポレート・ソーシャル・レスポンシビリティ

出所：GSIR「GLOBAL SUSTAINABLE INVESTMENT REVIEW 2020」　筆者作成

ジに近いものです。

ＥＳＧは健全な企業経営による価値向上に資するという意味合いが強く、ＣＳＲは環境や社会に配慮するとともに、文化・スポーツ事業への参画、災害支援や寄付のようなボランティアなど、事業とは直接関係のない活動も含まれます。

これらは、利益還元による企業のイメージアップという側面も少なくありません。

三つの指標は密接に繋がっており、ＳＤＧｓは二〇三〇年を目安として、世界中の社会全体で意識を共有し、連携して持続的な社会の実現を達成すべく設定された目標であり、ＥＳＧやＣＳＲを包含するものといえます。

投資家や金融機関が主に参考指標とする企業ＥＳＧ。従業員・取引先・地域住民など幅広いステークホルダーが主に参考指標とする企業ＣＳＲ。そして、社会全体の方向性を定め、地球

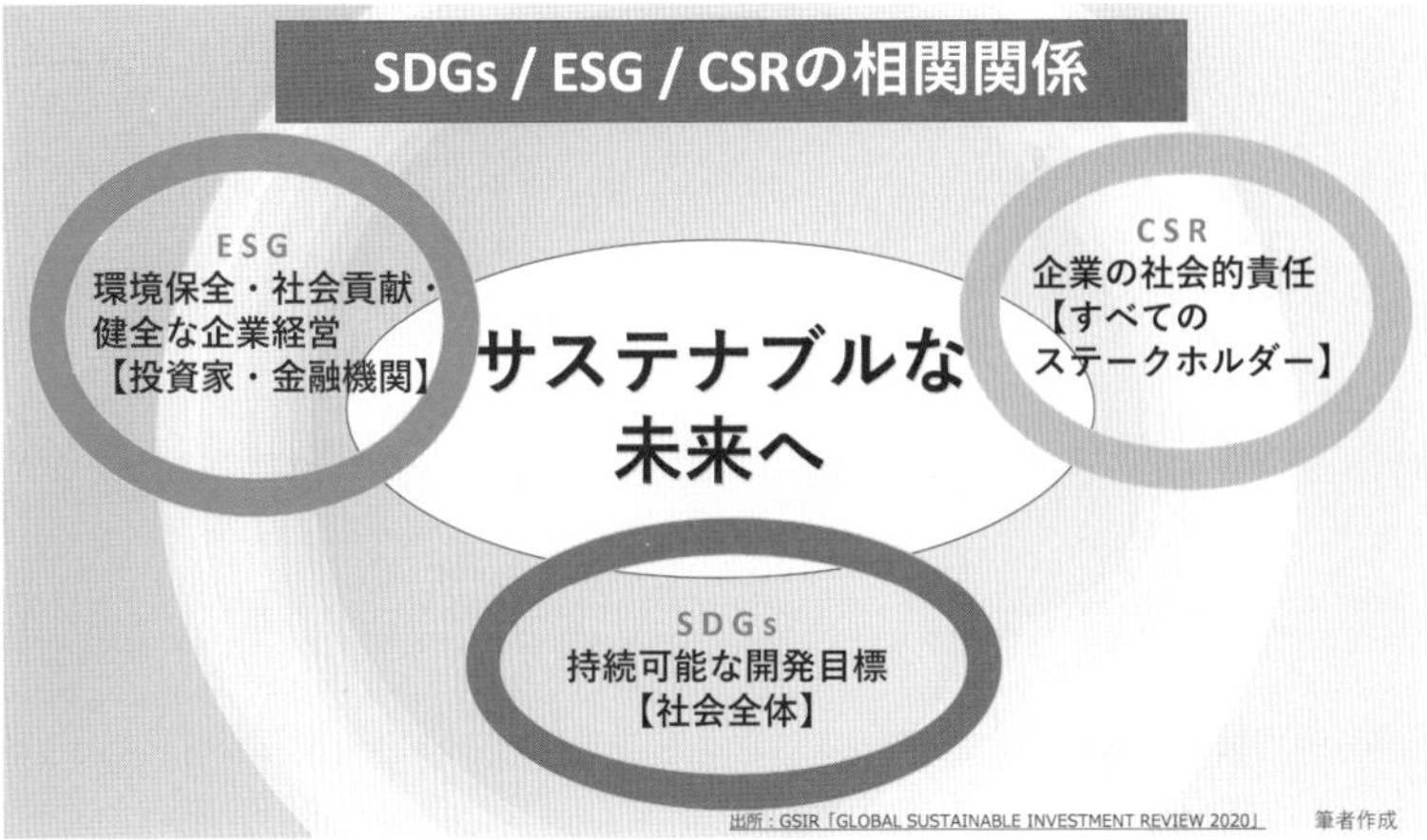

SDGs / ESG / CSRの相関関係

ESG
環境保全・社会貢献・
健全な企業経営
【投資家・金融機関】

サステナブルな
未来へ

CSR
企業の社会的責任
【すべての
ステークホルダー】

SDGs
持続可能な開発目標
【社会全体】

出所：GSIR「GLOBAL SUSTAINABLE INVESTMENT REVIEW 2020」　筆者作成

の未来をも左右する世界共通のＳＤＧｓ目標。

※ステークホルダーとは企業のビジネス活動に対し利害関係者として関与する企業や投資家のことです。例えば、企業の株主、機関投資家、個人投資家、経営者、金融機関などの取引先、行政や国際ＮＰＯなど。当該企業のビジネス活動に関与する個人や企業、非営利グループのことを指します。

企業がＳＤＧｓの目標達成にむけた大きなスキーム（具体的な方法や枠組み）を提示し、投資家が注目するＥＳＧの内容やステークホルダーや関係者が注目するＣＳＲの取り組みを理解しながら、共同連携し包括的に実施する必要があります。

要点としては、ＳＤＧｓ目標に対しＥＳＧ投資を切り離して考えるべきではなく、次頁のＳＤＧｓ17目標の基本図でもあるウエディングケーキスタイルで示すように一番下の基盤でもあ

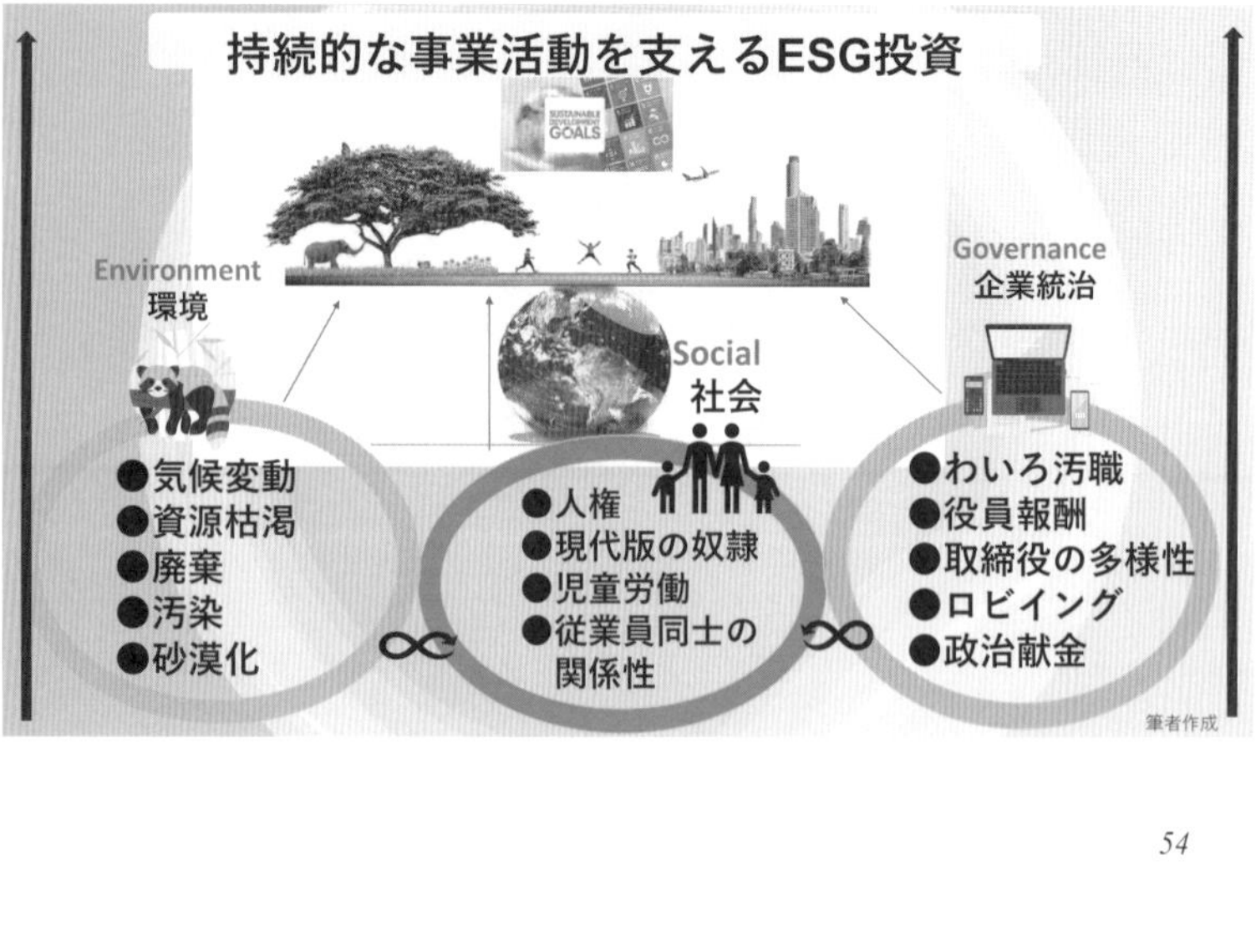

持続的な事業活動を支えるESG投資

Environment
環境
●気候変動
●資源枯渇
●廃棄
●汚染
●砂漠化

Social
社会
●人権
●現代版の奴隷
●児童労働
●従業員同士の関係性

Governance
企業統治
●わいろ汚職
●役員報酬
●取締役の多様性
●ロビイング
●政治献金

筆者作成

る生物面（環境）への投資と配慮をなおざりにすると、社会も企業価値も経済成長も崩れるということを示します。これは、ＳＤＧｓ理念を取り入れる企業活動の責任でもあります。

●ＥＳＧ投資（Environment, Social, Governance への投資）とは

大企業だけではない！　ＥＳＧ投資の拡大にともない五年以内に全ての企業に対して、環境経営についての情報開示が求められています。

ＥＳＧ投資？　企業の脱炭素？　そんな大きな話は世界的大企業でもない限り関係ないのではないか……と思うかもしれませんが、決してそんなことはありません。

ＥＳＧ投資の拡大に伴いＴＣＦＤ（気候関連財務情報開示タスクフォース）より、２℃目標等の気候シナリオを用いて、自社の気候関連リスク・機会を評価し、財務報告書等で開示する

SDGsとESG投資の相関関係
環境・社会・経済のカテゴリー別にESG投資が実行される
企業価値とは：財務価値（営利活動キャッシュフロー）と非財務価値（環境・人権査定）の向上
SDGs
ECONOMY
SOCIETY
BIOSPHERE
経済再生
社会投資
環境投資
企業経営 Governance
●経営の透明性、コンプライアンスの設置
●情報開示、少数株主の保護、法令順守
●ステークホールダーの満足度
社会 Social
●サプライチェーン労働者権利への配慮
●ダイバーシティ、ジェンダー平等、
●地域社会との連携・貢献
環境 Environment
●気候変動、CO₂ゼロ削減
●再生可能エネルギー
●生物多様性の保護
筆者作成

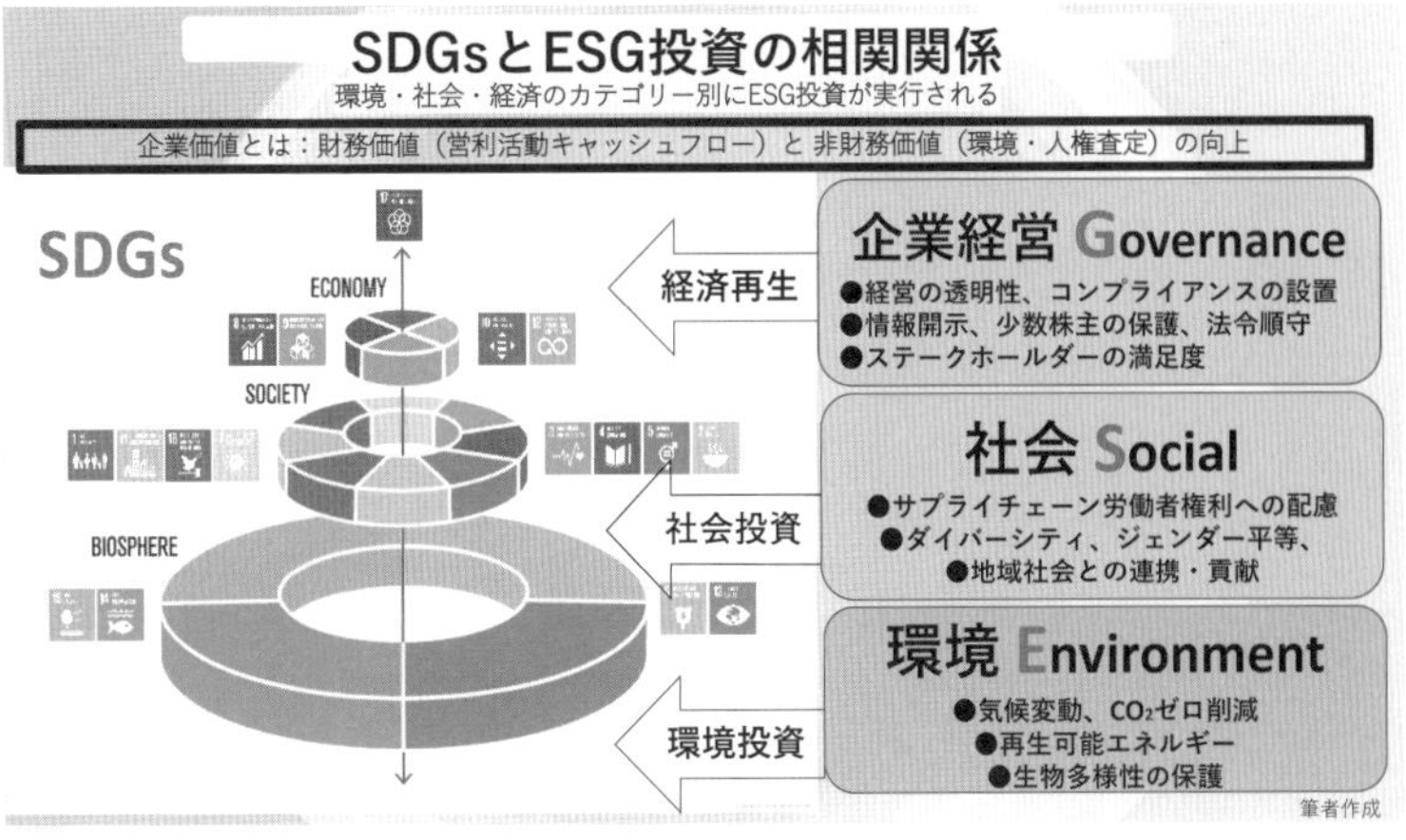

よう全ての企業に求められることになりました。

つまり、事業規模に拘わらず全ての企業の環境経営に対する取り組みの評価が投資家たちの判断材料になるのです。

これは投資を受けるだけではなく、企業が存在する価値や企業イメージそのものにもつながります。

これを果たすための活動がＣＳＲ活動です。

この場合の「企業」とは「官民や営利・非営利を問わず、あらゆる組織」を指します。元々は「業種業態規模を問わず利潤追求を目指すあらゆる営利組織」を指していましたが、今では「あらゆる組織」に考え方が変化してきました。

また、「社会的責任」における「社会」とは、文字通り社会全体を意味します。

具体的には、企業と直接的な利害関係を持つ従業員や顧客、投資家だけでなく、近隣住民、

CSRとは「企業の社会的責任」
【Corporate Social Responsibility】
●企業の社会的責任のこと
●企業はただ、利益を追求するだけでなく、その活動の中で社会に責任を果たしているかどうか、消費者から評価される
●ステークホルダーの要求にも配慮し、適切に意思決定を行う必要がある。
【世間よし】
社会的課題解決
安心と心豊かな
生活水準
【売り手よし】
収益向上
イメージアップ
信頼性向上
社員の動機付け
【買い手よし】
個客への新たな
価値を提供
消費者の
満足度向上
筆者作成

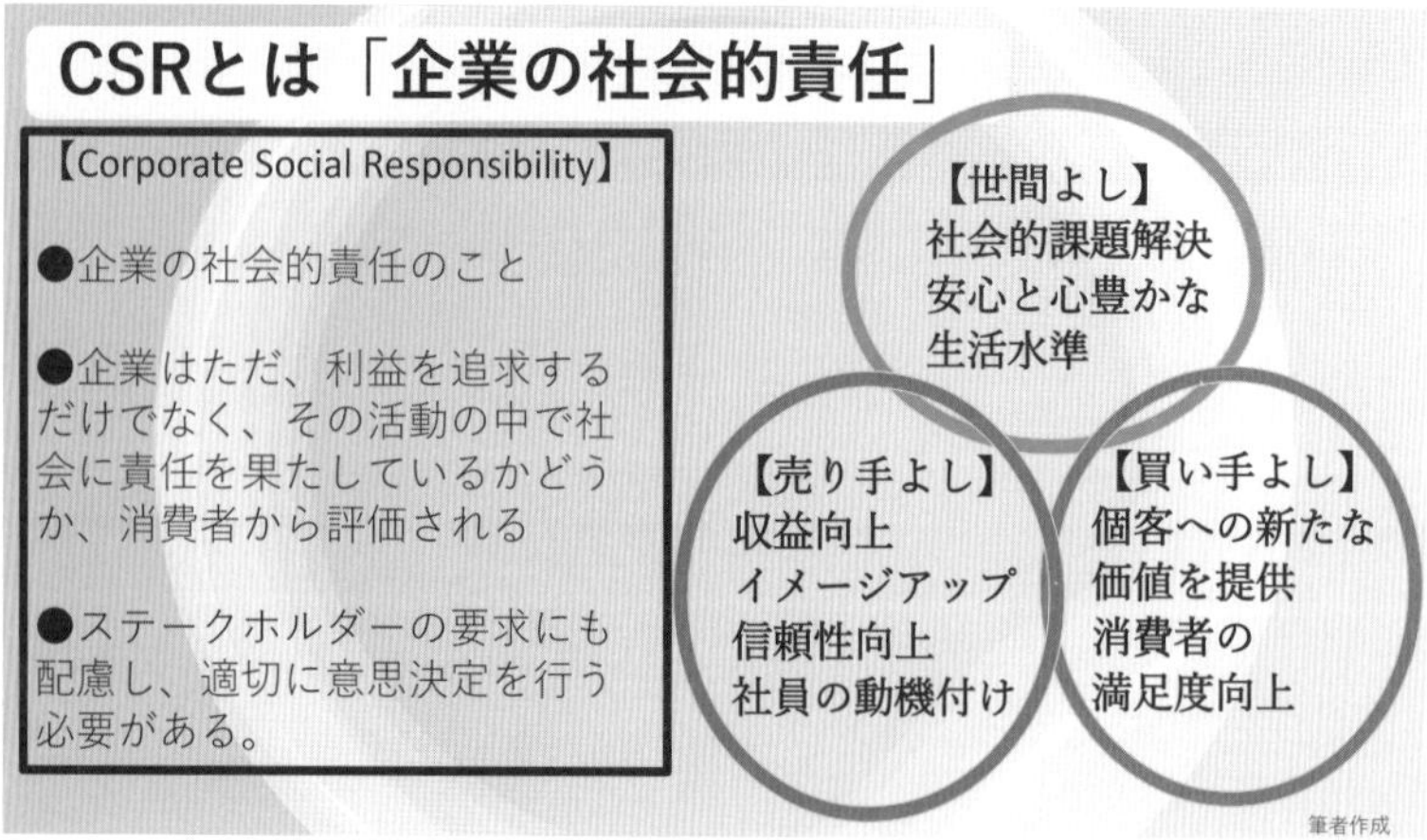

あるいは環境を共有・共用している、ありとあらゆる人々や組織・団体を指します。さらに、「責任」とは、「社会」に対して企業が担う責任であり、「持続可能な発展に貢献すること」にも置き換えることができます。

●補足「貢献」：七つの原則でとらえること

時流の変化とともに「貢献」の内容は変化しますが、CSRの国際規格であるISO26000では、「貢献」を考えるヒントになりうる以下七つの原則を挙げています。

1　説明責任：組織の活動が社会、経済、及び環境に与える影響を説明する
2　透明性：明確な情報を適切な時期に開示し、透明性を保つ
3　倫理的な行動：倫理観に基づいた行動をとる
4　ステークホルダーの利害の尊重：ステークホルダーの利害を考慮し、対応する
5　法の支配の尊重：各国の法令を尊重し、順守する
6　国際行動規範の尊重：法令だけでなく国際的な倫理観に基づいて行動する
7　人権の尊重：人権の重要性・普遍性を認識し、尊重する

※ISO26000とは：「社会的責任に関する手引き」二〇一〇年一一月一日発行

新しい概念ではなく、日本では江戸時代から受け継がれている近江商人の「三方良し」である。「売り手」「買い手」がともに満足し、社会貢献にもつながる良い商売の在り方と心得であり、企業経営の基本といえる。

6．新型コロナウイルス感染症×ＳＤＧｓ：世界はどう事業再生していくべきか

「新型コロナウイルス感染症の拡大はこれまでのＳＤＧｓの進捗に、認識を高めるという意味でポジティブな影響を及ぼした」とケンブリッジ大学の報告書『サステナブル・デベロップメント・レポート２０２０：ケンブリッジ大学プレス』に書かれています。

この報告書の責任者で、著書『貧困の終焉』で知られる米国の経済学者ジェフリー・サックス氏は「ＳＤＧｓはこれまで以上に必要とされている」と指摘しています。

ＳＤＧｓには、人種差別や貧困で苦悩する弱い立場の人々を社会の一員として含み、公共サービスへの公正なアクセスを実現することを必須とし、国際協調を進めていこうとする目標が込められています。

これからの時代は、特に各国の政府・企業・ＮＧＯ／ＮＰＯ・各研究機関によるパートナーシップ協働のＥＳＧ〈環境・社会・ガバナンス（企業経営）〉へのインパクト投資に向かっていくでしょう。

Z世代にみるアメリカのビジネス潮流の変化

本章では、筆者が講演会で使用したオリジナルスライド「コロナよりＢＬＭで激変する米国ＮＹビジネス事情」をアップデートして紹介します。下記の図とあわせてご覧ください。

●コロナ状況でのＳＤＧｓの高まりと注目される次世代の価値観

アメリカで起こっている運動の内容が正しく日本へ伝わっていないこと、差別問題にピンとこない人が多いことによって日本が次第に世界の政治・経済・社会の動きに遅れがちになっていくのでは、と私達は懸念しています。

アメリカの事情、特にニューヨークからみた経済面や人権運動の動き、政治面など日本にあまり伝えられていないと思われる情勢について述べていきます。

「コロナより BLM で激変する米国 NY ビジネス事情」（筆者作成）

●「世界が取り組む共通言語」ＳＤＧｓ
ＳＤＧｓ＝Sustainable Development Goals
持続可能な開発目標17

●二〇一五年国連ＳＤＧｓ憲章に記されたＳＤＧｓの真の目的
一．誰一人として取り残さない世界（No One Left Behind）
二．世代を超えてすべての人が自分らしく、より良く生きること（Well Being）

1．Ｚ世代とは

米国で広く用いられている世代別定義
ミレニアル世代は一九八一～一九九四年に生まれた人口層（二〇二三年時点で二九～四二歳）
Ｚ世代は一九九五年～二〇〇二年に生まれた層（二〇二三年時点で二一～二八歳）

一九九五年から二〇〇二年に生まれた「Ｚ世

代」の人口は、二三億人にのぼりアメリカ社会においてこれからのトレンドや消費の主役となりつつあります。

それ以前の一九八一年から一九九四年に生まれた世代を「ミレニアル世代」と呼びます。この世代はそれ以前のアメリカ人とは違った価値観を持ち、アメリカ社会に変革を与えてきました。（ミレニアル世代とZ世代の特徴の違いは、同章「2．Z世代の特徴とは」で述べています）

Z世代は現在、アメリカ全体人口三億三千万人の38％で約一億人の規模となります。世界人口でも35％～40％を占めます。（二〇二〇年人口統計）

次のアメリカ大統領選挙（二〇二四年）の頃には、Z世代の人口はアメリカ市場の50％以上を占めると予想されます。同時に、アメリカでは移民の子供が多く、ダイバーシティ＆インクルージョンの重要性が可視化されはじめており、Z世代による多様性社会への動きが大きな社会

【コロナ・BLMで激変したアメリカ社会事情】

【トピック】

サステナビリティとは
SDGs×Z世代（20代）・ミレニアル世代（30代）×企業価値

1. 米国のZ世代とは？　彼らが重要視するSDGsとは？
2. BLM（ブラック・ライブズ・マター：人権運動）の中心はZ世代
（2020年の米大統領選挙：バイデン勝利にZ世代66%が支持）
3. 次世代（Z世代・ミレニアル世代）とキャンセルカルチャー
4. 次世代（Z世代・ミレニアル世代）の世界中とネットで繋がる価値観とそのスピード
5. 次世代（Z世代・ミレニアル世代）の行動がビジネス商品や企業に与える影響

運動に繋がっています。

では、なぜ企業もこの世代に注目すべきなのでしょうか？

Ｚ世代とミレニアル世代を合計すると、アメリカ全体の50％の規模になり（日本では全体の30％）、今後、重要な消費者世代となっていくことは必至です。さらにその次にくるアルファ世代（二〇一〇年以降生）もすでに一五億人にのぼるという統計が出ています。

企業はこの世代が起こすトレンドや消費者意識の動向を理解し、商品やサービス、そして企業ブランディングを経営戦略として表明していく必要があります。さらにコロナで業績が低迷する企業は、サステナブルな経営理念を意識した商品サービスを提供する努力が必要となるでしょう。

ＮＹ在住のジャーナリスト、シェリーめぐみ氏（Ｚ世代・ミレニアル世代評論家）によると、

SDGs = Sustainable Development Goals
世界が取り組む共通言語 – SDGs –
HELLO KITTY supports the SDGs!
世代を超えて
すべての人が
自分らしく
より良く生きる
(2015年：国連
憲章～2030年）
共感・協働
立ち向かう心
©NY国連本部_筆者撮影

大きな人口比率を占めるこの世代は、今後企業が商品やサービスを提供する時の主要市場（メインターゲット）になると分析されています。SDGsを意識する次世代による社会的ムーブメントは既に始まっています。

2．Z世代の特徴とは

●ミレニアル世代の特徴

ケーブルテレビやインターネット世代。スマートフォンと共に育った世代。

・ITテクノロジーへの適応能力の高さ

・音楽やポップカルチャー

・社会や政治に対し（ここが変と思うことに）声を上げることや抗議行動を起こすことへの自由度の高さ

日常生活でも、ITやSNSを上手に活用しており、ITやSNSに対して74％が生活改善に役立つ、54％が友達や家族との距離を縮める

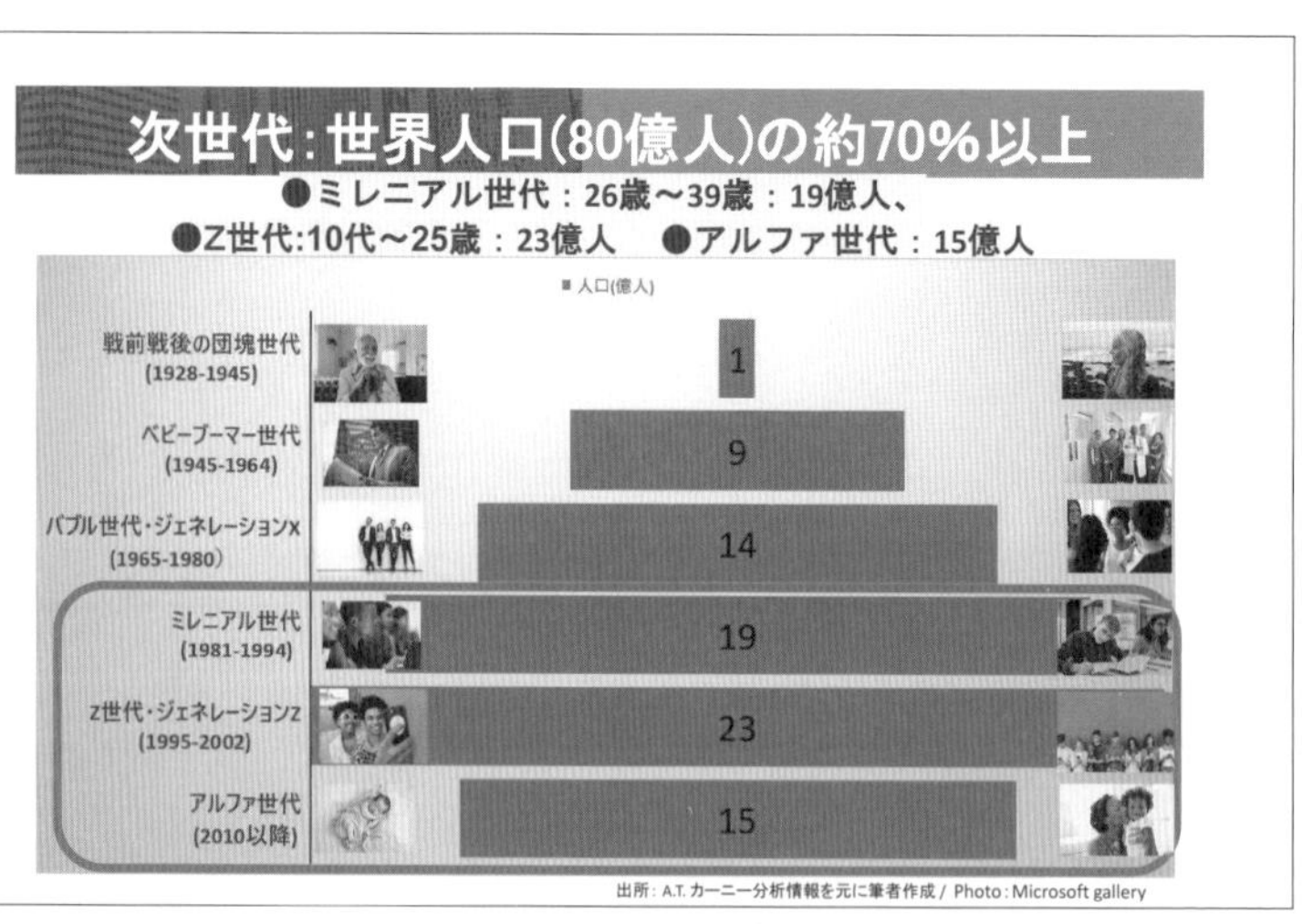

出所：A.T.カーニー分析情報を元に筆者作成／Photo：Microsoft gallery

事に貢献していると答えています。

二〇〇八年のリーマンショックと二〇二〇年のCOVID-19、二度の社会的危機を経験しているため、消費に対しては慎重であるとの調査結果もあります。

●Ｚ世代の特徴

デジタルネイティブ世代。デジタル体験と共に育った世代。

アメリカにおけるＺ世代の70％が、一日平均二時間YouTubeを視聴しています。生まれた時には既にインターネットやソーシャルシステム、オンラインコミュニケーションがあり、それらに広く慣れ親しんでいます。

友人との情報交換はインスタグラムやティックトック（TikTok）などＳＮＳを通じて行うため情報をキャッチするスピードが早いという調査結果もあります。

Ｚ世代は、非常に社交的で協調性のある性格

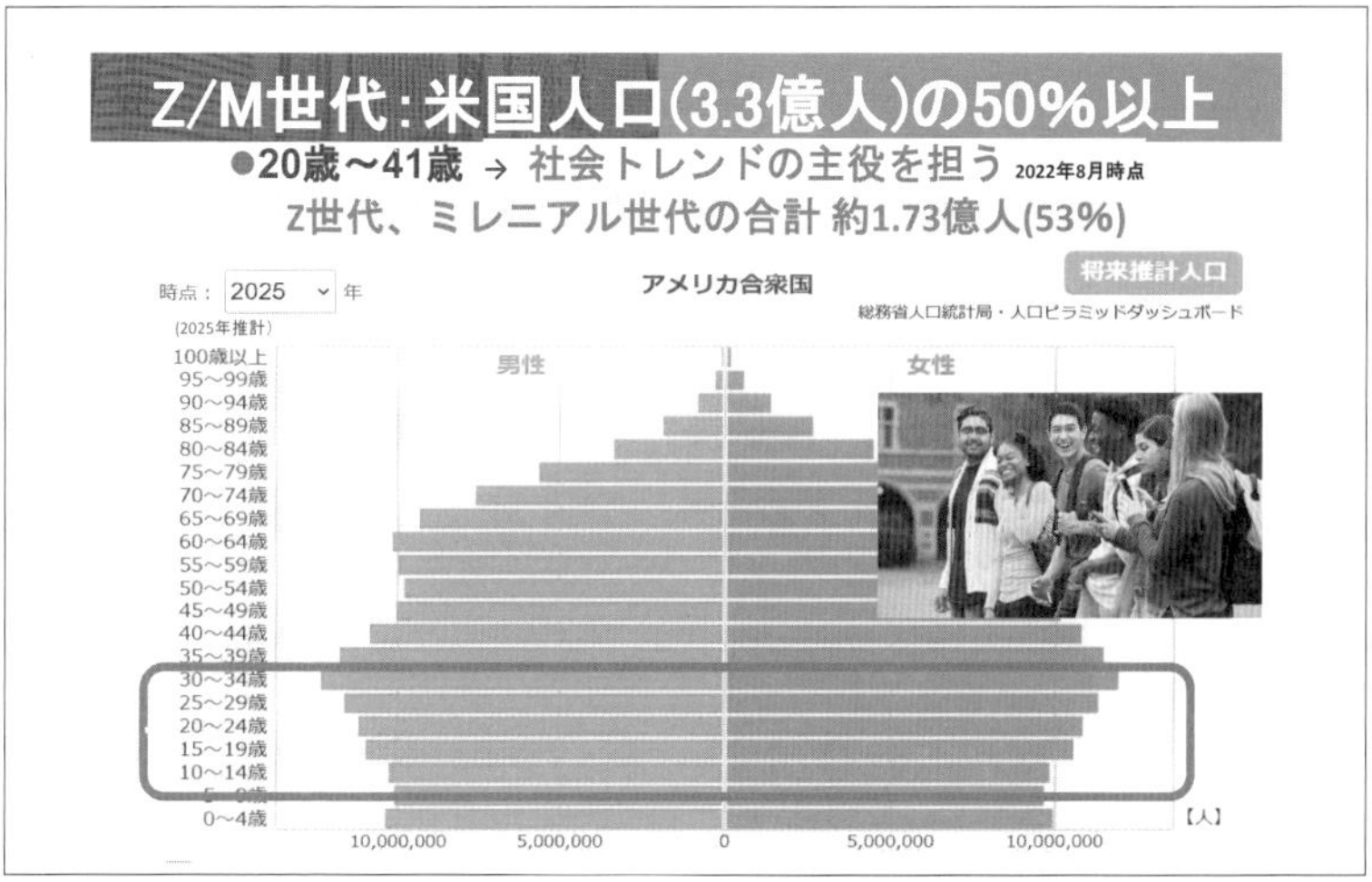

Z/M世代：米国人口(3.3億人)の50%以上
●20歳～41歳 → 社会トレンドの主役を担う 2022年8月時点
Z世代、ミレニアル世代の合計 約1.73億人(53%)
時点： 2025 年
(2025年推計)
アメリカ合衆国
将来推計人口
総務省人口統計局・人口ピラミッドダッシュボード
男性
女性
100歳以上
95～99歳
90～94歳
85～89歳
80～84歳
75～79歳
70～74歳
65～69歳
60～64歳
55～59歳
50～54歳
45～49歳
40～44歳
35～39歳
30～34歳
25～29歳
20～24歳
15～19歳
10～14歳
0～4歳
10,000,000
5,000,000
0
5,000,000
10,000,000
【人】

を持っています。ＳＮＳやネットでの繋がりが日常的にある世代で、ＳＮＳを頻繁に利用しています。

友達や家族とＳＮＳアプリを通じて情報を共有し、オンラインで招待したり協力したりすることを好む傾向にあります。

米国のZ&M世代
(20歳～41歳)
総人口3.3億人の約50%以上
＝市場を動かすデジタル(スマホ)世代
Photo : Microsoft gallery

3. Z世代の関心

特にアメリカのZ世代は、ＳＤＧｓの社会課題に対して意識が高く、環境対策と社会貢献、さらに将来の資産形成の両立にも関心が高いという調査結果が出ています。

その背景には、経済発展の代わりに悪化の一途を辿っていた以下の問題があります。

貧困格差、人権問題、世界の子供達の飢餓問題、健康問題

教育＝知ることの重要性、気候変動で温暖化が進む地球環境破壊

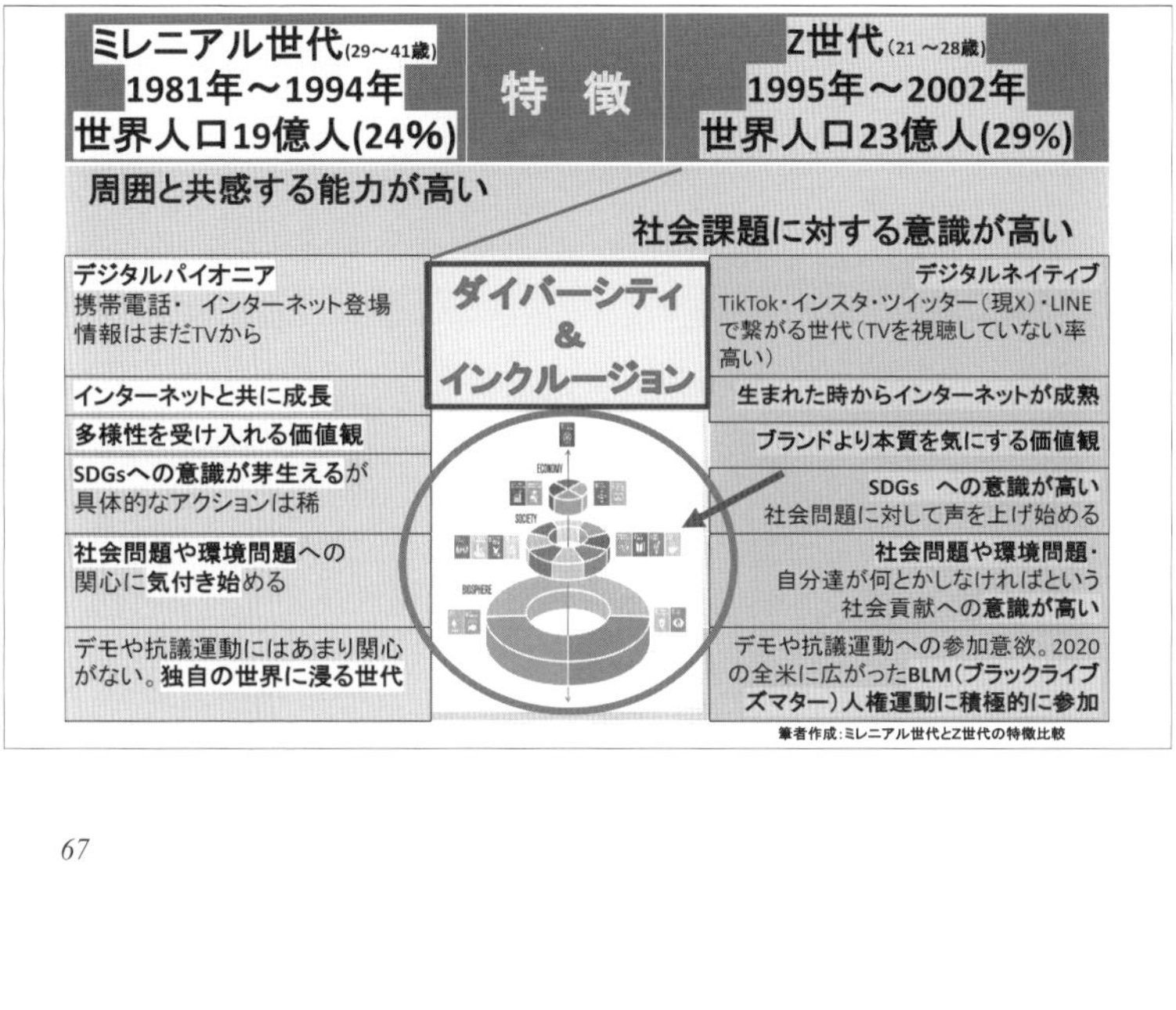

ミレニアル世代(29～41歳) 1981年～1994年 世界人口19億人(24%)	特　徴	Z世代(21～28歳) 1995年～2002年 世界人口23億人(29%)
周囲と共感する能力が高い		社会課題に対する意識が高い
デジタルパイオニア 携帯電話・ インターネット登場 情報はまだTVから	ダイバーシティ & インクルージョン	デジタルネイティブ TikTok・インスタ・ツイッター（現X）・LINEで繋がる世代（TVを視聴していない率高い）
インターネットと共に成長	ECONOMY SOCIETY BIOSPHERE	生まれた時からインターネットが成熟
多様性を受け入れる価値観		ブランドより本質を気にする価値観
SDGsへの意識が芽生えるが 具体的なアクションは稀		SDGs　への意識が高い 社会問題に対して声を上げ始める
社会問題や環境問題への 関心に気付き始める		社会問題や環境問題・ 自分達が何とかしなければという 社会貢献への意識が高い
デモや抗議運動にはあまり関心がない。独自の世界に浸る世代		デモや抗議運動への参加意欲。2020の全米に広がったBLM（ブラックライブズマター）人権運動に積極的に参加

筆者作成：ミレニアル世代とZ世代の特徴比較

Z/M世代の特徴：オンライン・オフラインで行動

- 人権デモに参加：SNSコミュニケーション(オンライン)・ストリート行動(オフライン)
- 政治に参加：2020年の大統領選挙に影響。Z世代の有権者9割がジョー・バイデン氏に投票

・Z&ミレニアル世代(10代～39歳)の多数が、2020年BLM(ブラック・ライブズ・マター)デモ運動に参加。SNS（ツイッターやインスタグラム）で場所や時間の連絡を取り合い、集合して行動するのが特徴としてみられた。
・大統領選挙では、環境保全・人権保護を提唱する民主党バイデンを支持

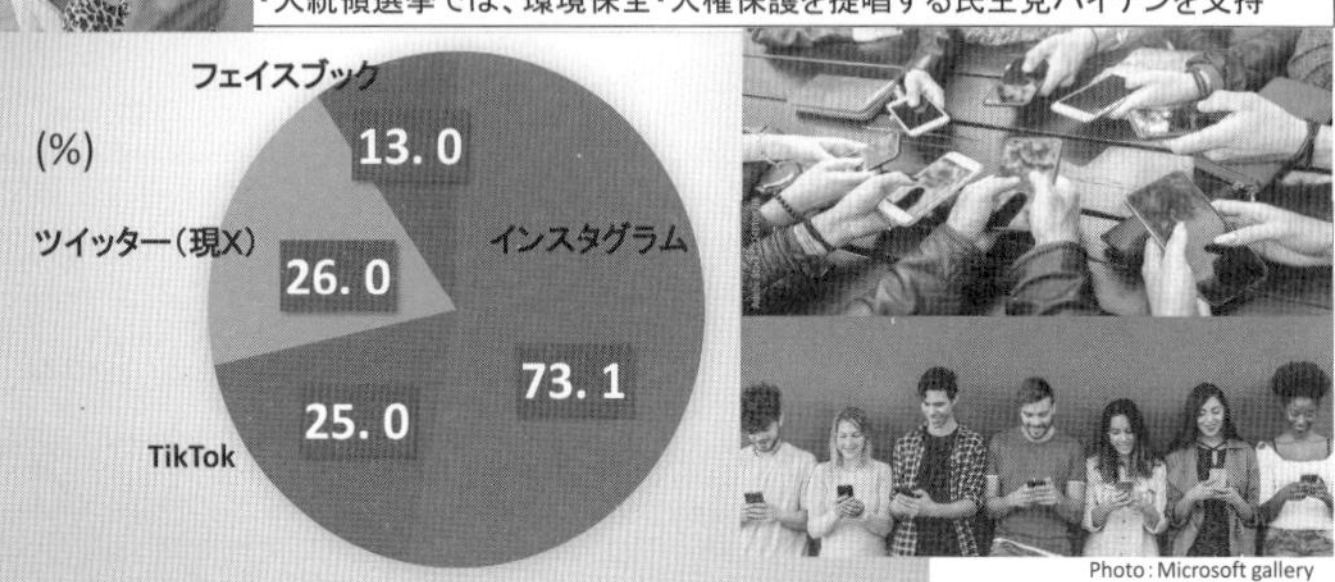

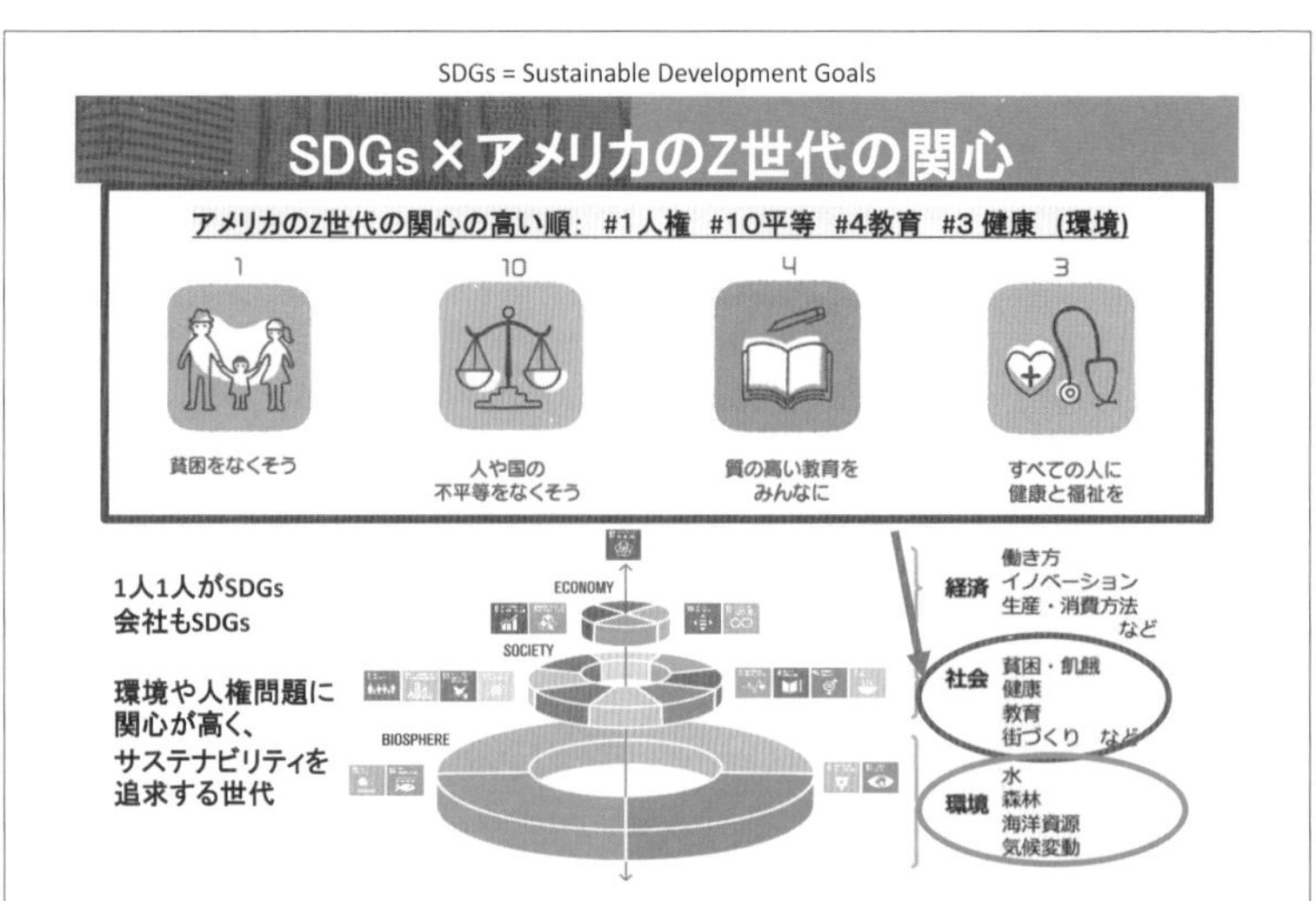

1人1人がSDGs
会社もSDGs
環境や人権問題に関心が高く、サステナビリティを追求する世代

4．Z世代がビジネスに与える影響

ＳＤＧｓ理念を取り入れていない商品や、人権問題や差別運動に対し反対声明を発信していない企業は、社会貢献を放棄している企業と判断される傾向があります。「環境破壊や人権差別を容認している」と判断されやすくなります。

表面的なブランドイメージよりも、実際にそのブランドが社会に対してどのようなポジティブな活動をしているか、もしくはしていないかにＺ世代は非常に敏感で、ネット検索や友人とのＳＮＳでの情報交換でいち早く察知する能力が高いのです。

例えば、劣悪な労働環境によって製造されたブランド品は、広告で商品の良さをどれだけＰＲしても、次世代は購入も見向きもしなくなります。

そのため、商品をブランド化することは難しくなります。

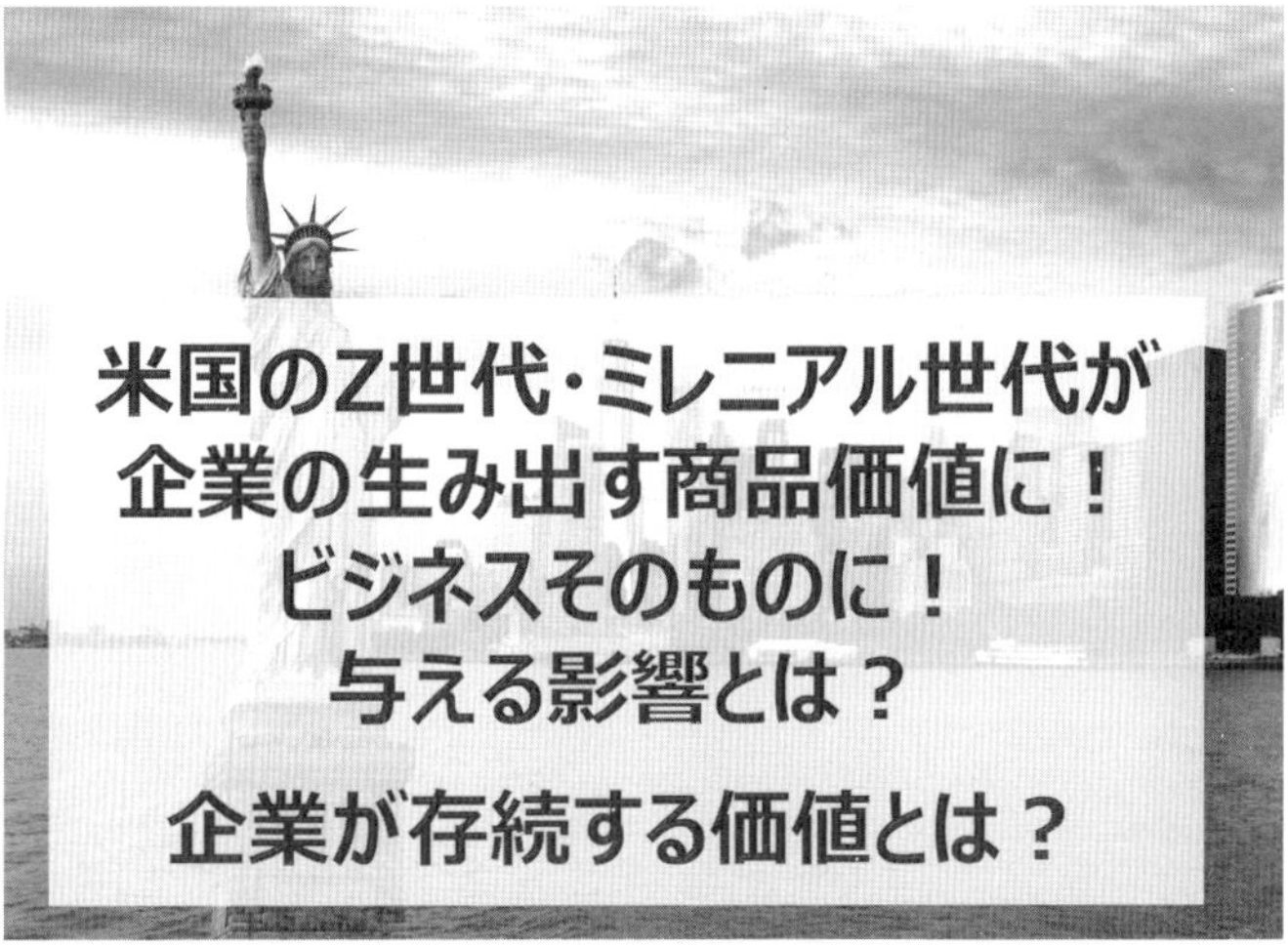

米国のZ世代・ミレニアル世代が
企業の生み出す商品価値に！
ビジネスそのものに！
与える影響とは？
企業が存続する価値とは？

Ｚ世代のＳＤＧｓへの意識は、企業に対してどのような影響を与えているのでしょうか。Ｚ世代の多くがＢＬＭ運動に賛同しています。このことは経済へも影響を与えています。「Ｚ世代の価値観に合わない商品は売らない」という「キャンセルカルチャー」までもがつくられているのがアメリカ市場です。地球環境を犠牲にした経済活動を行う企業には、「ＮＯ」の姿勢です。

※キャンセルカルチャーとは：人種差別や環境汚染などを行う企業ビジネスに対し否定的で、ＳＮＳでその「問題商品」を指摘し「これは宜しくない」と不買運動を起こすことを指します。

この大きなきっかけとなったのが、二〇一五年九月にニューヨーク国連本部で開催されたＳＤＧｓサミットであり、環境破壊を問題視するアメリカのＺ世代にはこのＳＤＧｓ理念の重要性が静かに深く浸透していきました。

キャンセルカルチャー抗議行動→企業や経済への影響

環境や人権の価値観に合わない商品は購入しない！

- 【商品評価】人種差別的な商品・環境に優しくない商品はキャンセル(不買運動)
  食品や衣類の原材料を確認し、好ましくない商品は買わない＝評価基準
  そして、そのキャンセル商品の情報をSNSで友人や仲間に知らせる
- 【企業を容赦なく評価】
  女性や人種差別のない人事か？ フェアなトレードか？＝評価基準
  チャイルドレイバー(児童労働)を使っていないか？　＝評価基準

→デジタルネイティブ(Z/M世代)の監視がますます強い影響

出所：現代ビジネス ジャーナリスト、Z世代・ミレニアル世代評論家シェリーめぐみ氏「アメリカのZ・ミレニアル世代がリベラル化しているらしい」　Photo：Microsoft gallery

社会格差や人権差別に気付き「自分たちの責任は自分たちの世代で改善する」意識に共感し広がった二〇二〇年のBLM（ブラック・ライブズ・マター運動）。デジタルネイティブ世代の彼らは、実際に全米で行われた人権運動に声を上げるために参加（オフライン活動）しました。

一方で、情報交換はインスタグラムなどのSNSを利用（オンライン行動）する柔軟性を活かした世代というのも特徴です。彼らのこの行動は、次第にサステナビリティを意識する消費行動に繋がっていきました。ビジネスとはあまり関係ないと思われがちですが、実はこのような意識が消費を決定していきます。消費者の意識が社会運動になり、消費行動につながっていくのです。（出典：ジャーナリスト、Z世代・ミレニアル世代評論家シェリーめぐみ氏）

次世代（Z世代やミレニアル世代＝デジタルネイティブ世代）が買いたいと思う商品を選ぶ

BLM(ブラック・ライブズ・マター)は Z/M世代の社会運動

BLMはコロナで失業した黒人による怒りの抗議運動ではない

コロナによってむき出しになった、アメリカの根源的な問題、
人種差別・格差貧困・環境を**Z世代(10代～25歳)とミレニアル世代(26～39歳)が**
中心となり黒人はじめ有色人種や白人までもが協力して解決しようとした運動。

→人種・格差問題とサステナビリティな消費活動は直結している。

出所：ジャーナリスト：シェリーめぐみ氏 、プレジデントオンライン記事　Photo：Microsoft gallery

時、差別的に作られたモノではないか、環境にやさしい商品か、チャイルドレイバー（不平等な児童労働）を使って生産された商品ではないかなど、購入する時にチェックする意識が高くなっています。

市場規模の大きいデジタルネイティブ世代が商品を選ぶ時の目は、ますます厳しくなっており、各商品のタグ情報から商品の詳細情報をスマホで読み込んでチェックすることが習慣化されてきています。彼らがＮＧと評価すれば即キャンセル商品となり売れなくなります。

Ｚ世代・ミレニアル世代は、人種差別に敏感であり、環境にやさしい商品を選んで買うなど、ＳＤＧｓの「社会貢献」の部分に共感しサポートすることを行動指針としているのです。

クイズ　どれがキャンセル商品となったか？

1．化粧品のパッケージ（ＰＲマーケティング

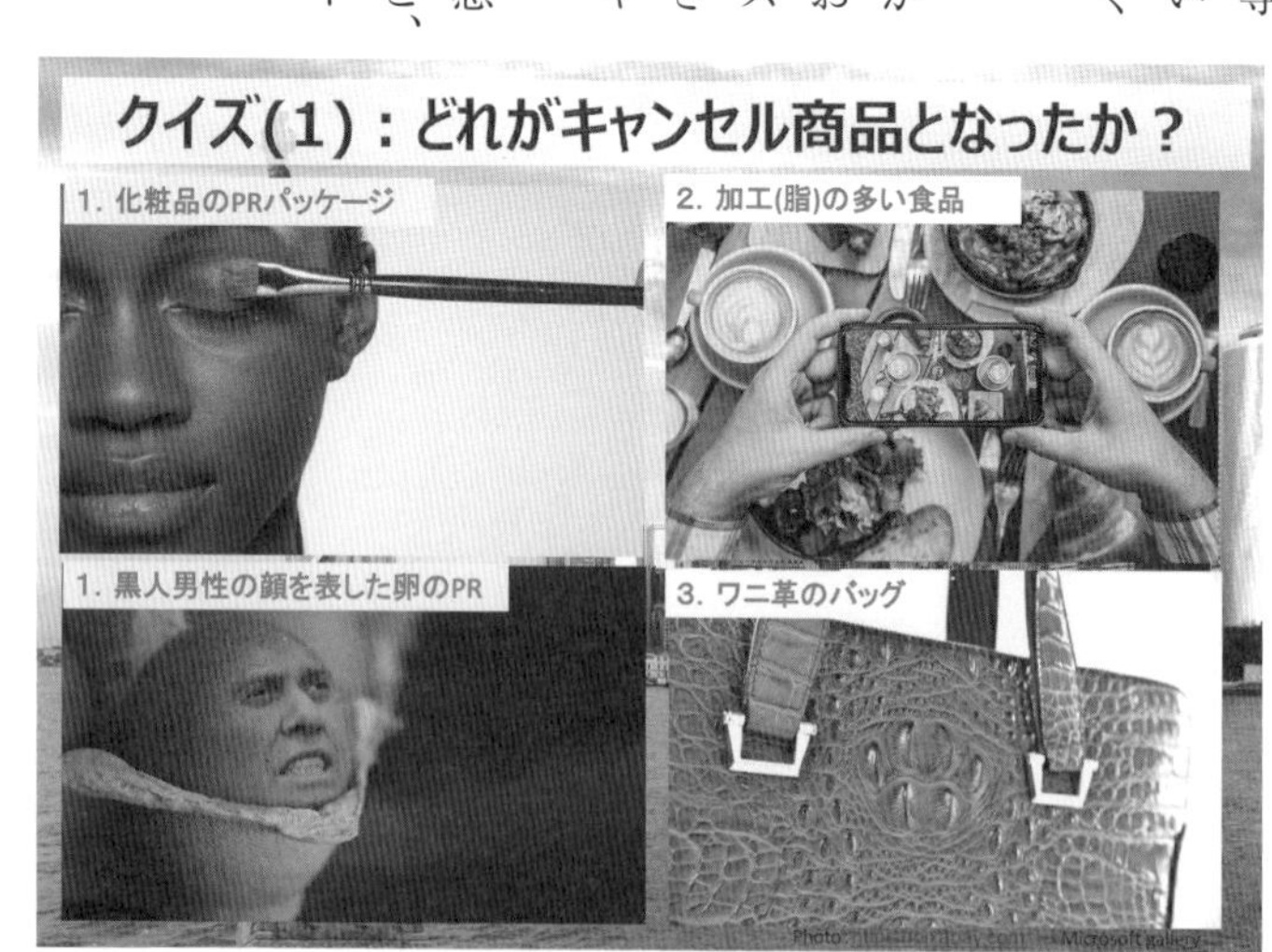
クイズ(1)：どれがキャンセル商品となったか？
1. 化粧品のPRパッケージ
2. 加工(脂)の多い食品
1. 黒人男性の顔を表した卵のPR
3. ワニ革のバッグ
Microsoft gallery

／美コスメ）

解答：キャンセル商品。

理由：黒人の女性一人が美を追求するコスメ商品のＰＲとして使われていたことでダイバーシティではなく劣後扱いの人種差別アイコンだとして、Ｚ世代が、ＳＮＳで拡散し不買運動で訴えた。卵が、黒人男性の顔を思わせる写真も人種差別と非難された。

２．加工（脂）の多い商品（食品）

解答：キャンセル商品。

理由：健康管理に意識が高いＺ世代・ミレニアル世代は、特にコロナ禍で肥満率も高くなり、身体によくない食材や脂には見向きもしなくなった。

３．ワニ革のバッグ（ブランド商品／ファッション）

解答：キャンセル商品。

理由：動物愛護の観点から、動物を殺生して

クイズ(2)：どれがキャンセル商品となったか？

4. 素材不明の衣類

5. ガーナ共和国の子供達が作ったチョコ

作られた商品としてNGを出した。

４．素材不明のTシャツ（ファッション）

解答：キャンセル商品。

理由：Tシャツの素材・原材料の出どころが不明。森林破壊をしているのではないかという疑いから、素材の情報が不透明な商品に対しNGを出した。

５．ガーナ共和国の子供達が作ったチョコレート（食品）

解答：キャンセル商品。

理由：チャイルドドレイバー（不平等な児童労働）が発覚したガーナ産のチョコレートに対し、Z世代・ミレニアル世代から批難の声が上がりNGとなった。

以上は、キャンセル商品となった実例です。

太り過ぎの人が多いアメリカでは、食料品に

食料品(原料)に厳しい、健康食品以外は買わない(45%)
→デジタル・ネイティブ(Z/ミレニアル世代)の監視がますます強い傾向
→食品に使われている原材料をスマホでチェックする！
Photo : https://pixabay.com / Microsoft gallery

対するチェックはとても厳しいものがあります。特に二〇二〇年のコロナ禍から、原料チェックに厳しくなり、身体にやさしい食品やヘルシーな食材以外は買わないと宣言するＺ世代が45％に上ります。

また「関心のある（期待する）企業のＳＤＧｓに関連する取り組み」は、以下の通りのものなどが次世代の意識調査の上位に挙げられています。

・食品ロス削減（賞味期限の見直し、お持ち帰りバッグ導入など）
・太陽光発電などの再生可能エネルギー技術の開発、利用
・海洋プラスチックごみ対策（使い捨てプラスチックの削減など）
・フードバンク（生活困窮者に対する食品の寄付）

Levi's
Building a Better,
More Sustainable
Future
Levi's image_trousers-g0915e7e65_1280
Image by Kai from Pixabay

●企業のSDGsピボット戦略

サーキュラーエコノミーの仕組みを徹底して打ち出した企業がリーバイ・ストラウス（リーバイス）。リーバイスは、ウェブサイト上で環境にやさしい古着のリサイクルシステム、サステナブルな経済循環型のフローと仕組みを発表しました。詳しくは、本書の第4章「5．リーバイス――古着買い取りと再販サイト開設」をご覧ください。

アメリカにおいて、ＢＬＭ（ブラック・ライブズ・マター）の人権運動への関心が高まる中、アメリカの各企業でも抗議運動に賛同した支援や社会貢献を行うなど、大きな変化が起こっています。

・Ｈ＆Ｍは人権擁護団体アメリカ自由人権協会に五〇万ドルを寄付。

・ルイ・ヴィトンは「当社は黒人社会とともに

2020年の欧米各企業の動き

SDGs社会貢献の一環として、欧米ブランド企業がBLM人権デモに賛同を表明。
企業声明でアピールしたり、人権団体に支援金をこぞって寄付 (2020年)。

(エイチ・アンド・エム・ヘネス・アンド・マウリッツ/H&M)
人権擁護団体アメリカ自由人権協会に50万ドル（約5350万円）の寄付

LOUIS VUITTON

(ルイ・ヴィトン: Louis Vuitton)
当社が黒人社会と共にあり、不平等や不寛容、そしてこれまで目にしてきたような悲劇的な事件を決して許さないことを、LVMHグループのグローバルリーダーシップを代表して表明する

(ギャップ: GAP)
構造的な人種差別と闘う人権団体エンプレース・レースに25万ドル（約2675万円）を寄付

(バナナ・リパブリック: BANANA REPUBLIC)
失業などで困窮している人のために2000万ドル（約21億円）を支援

Facebook

(フェイスブック: Facebook / 現在社名 Meta)
人種差別と闘う複数の団体に1000万ドル（約10億7000万円）の寄付

出所: 各社ウェブサイト / 写真: 筆者撮影

あり悲劇的な事件を決して許さない」と表明。

・GAP（子供服）も「構造的な人種差別と闘う」と表明。

・バナナ・リパブリック（アパレルメーカー）は、失業困窮している人に二〇〇〇万ドル支援。

・フェイスブック（Facebook・現Meta）やツイッター（Twitter・現X）は、人種差別と闘う複数の団体に一〇〇〇万ドルを寄付。

以上のように、多くの企業が社会貢献への姿勢を表明しています。

現代は、次世代（Z世代・ミレニアル世代）の彼らが自分達の価値基準に合う企業を選ぶ時代です。

就職先を検討する学生たちは企業への評価が非常に厳しく、人種や環境への対応に配慮のない企業には見向きもしないのが特徴です。そして、就職希望者が多いのは、SNSマーケティ

米国の学生(Z世代)が選ぶ就職先トップ10

Generation Z (Z世代 / 18-25)が理想として選ぶ就職先トップ10	- Data from JETRO 2019-2020
1	GOOGLE
2	AMAZON
3	MICROSOFT
4	FACEBOOK
5	UBER
6	APPLE
7	TWITTER
8	SNAP INC.
9	LINKEDIN
10	AIRbnb

Z世代が企業を評価する時代

【就職先を検討する学生】

自分の就職したい企業が
サステナビリティに則った
SDGs理念を掲げ、
企業商品を作っているかなど
事前の調査する学生が増えた

出所：JETROを元に筆者作成
https://www.jetro.go.jp/ext_images/_Reports/02/2018/ec095202b7547790/ny201810.pdf

Photo：https://pixabay.com / Adobe Stock

ングなどデジタルを通して社会貢献できる企業です。

5. デジタル世代から広がるグローバル

今後の社会貢献・ビジネスの展望について「コロナの発生により世界のビジネス市場はどのように変わっていくか」という受け身な姿勢ではなく、「コロナを経て、グローバル社会における価値観を、私たちが次世代とともにどのように再生していくか」といった主体的な取り組みの姿勢が求められています。

次世代のSDGsとESG投資への重要なポイントは何でしょうか？　次世代は、SDGsとは【サステナブル×デジタル×グローバル】という価値観を持っています。

魅力を感じるSDGs／ESGインパクト投資は、「働きやすい職場環境づくり」が45・8%でトップ。次いで「エネルギー効率化」が

世界の次世代(Z・ミレニアル)たち

ダイバーシティ&インクルージョンとサステナビリティ

SNSを通して世界の同世代が同じ価値観でつながる世代 (巨大市場)

■多様性と共感と環境と人権がキーワード

■自分達がつくる持続可能な社会を求める傾向が強い

Photo: Microsoft gallery / iStock.com/ankomando

40・8%と続きます。特に労働環境や環境エネルギー問題への取り組みが、企業を判断するうえで重要視されています。

次世代（Z世代・ミレニアル世代）で

・「SDGs」について「知っている」「詳しく知っている」「聞いたことはある」と回答した人は、二〇代男性：61・7%、三〇代48%。二〇代女性で41・3%と半数近くに上る。

・「ESG」について「知っている」「詳しく知っている」「聞いたことはある」と回答した人は、二〇代男性の認知率が最も高く41・6%、女性も二〇代の認知率が最も高く19・5%。

男女ともに、特に若い世代で「SDGs」と「ESG」の認知度が高い。

世代を超えてすべての人が自分らしく生きる　(2015年：国連憲章)
■アフターコロナの時代に
企業理念と経営の原点に戻る
■企業存在価値と意義を見直す時
■2015年～ Beyond 2030年へ
iStock.com/Viktor Sidorov

GSIA（世界持続可能投資連合）によると、世界ESG投資額は、二〇一四年から二〇一八年までの四年間で約68%増加。その額は世界の総投資額の約三分の一を占める三〇・七兆ドル

にものぼり、世界の機関投資家もＥＳＧインパクト投資へのシフトを進めています。

個人投資家の間でもＥＳＧ投資への注目度が年々高まり、ＥＳＧ戦略研究所調査によると「投資をする際にＥＳＧに対する取り組みを考慮する」（「とても考慮する」「少し考慮する」を含む）と回答した人が77％に上っています。

コロナの影響で倒産、破産申請する企業が続出しました。（二〇二〇年）

飲料や衣料、自動車や石油、ガスなど様々な業種において、全米では二〇二〇年上半期だけで二九万件以上の会社が破産し、二四〇〇億ドルの損失となりました。

（出典：American Bankruptcy Institute）

一方でオンライン販売は好調な業績を上げており、K字型経済トレンドが顕著となっています。

コロナ禍のNY市場（企業破産件数）

米連邦破産法第11章の申請数（C11）

●2020年上半期は前年同期比26%増の3,604件
●6月単月の破産法(C11)申請件数：前年同月比44%増の609件と大幅増
●産業別にみると、飲食、衣料、自動車や石油・ガス、通信、小売業など幅広い業種

会社清算・破産件数（2020年上半期）

出所:JETRO / Photo: 筆者撮影

※Ｋ字型経済トレンド　全体的に経済が回復に向かっている中、増益と減益の企業との二極化が進んでいること。

二〇二〇年から二〇二一年にかけて、多くの業種の経済活動が停止し売上が軒並み下落しマイナスに陥る中、唯一、伸びた業種は、オンライン小売業と食品業界でした。いずれもオンライン販売と配送流通が整っている企業が伸びを見せています。

小売業では具体的に五つの面で変化が起きています。

「オンライン販売普及」
「キャッシュレス化の促進」
「モバイル決済の導入拡大」
「商品を受け取る場所としての店舗機能の変化」
「倉庫システムの自動化・ロボット導入」

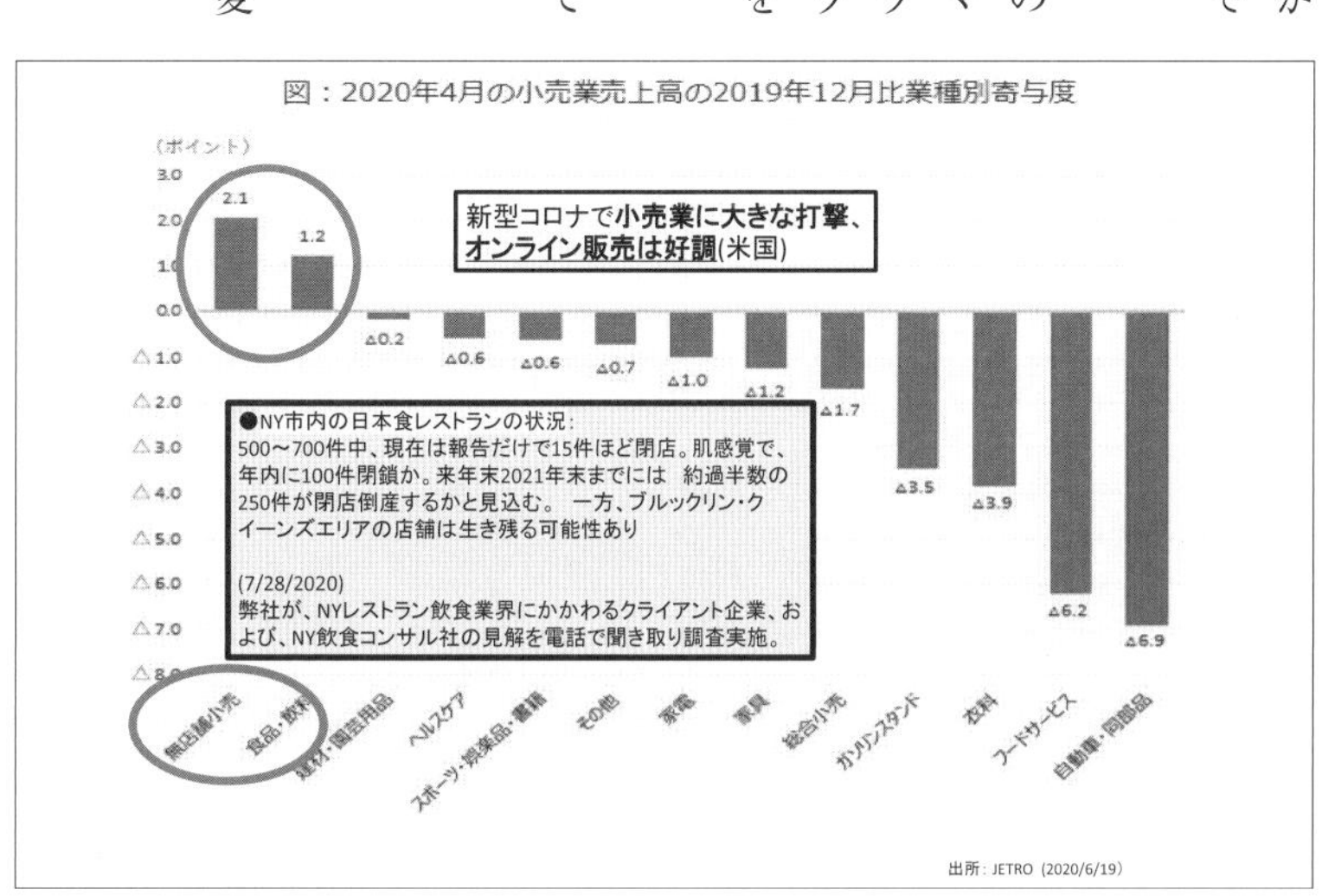

下のスライドの左の写真：ＮＹマンハッタン五三丁目にあるアマゾンゴーの店舗。キャッシャーや店員は常駐していない。iPhoneアプリをダウンロードし買い物をするキャッシュレスの店舗です。

右の写真：ＮＹマンハッタンのソーホーやチェルシーにあるアートギャラリー周辺。以前なら人が大勢つめかけてオープニングを楽しんでいたチェルシー地区のギャラリーの風景。オーナー達は、コロナ禍で空いたギャラリーを倉庫として場所貸しするアイデアに転じました。

ニューノーマルへの変革（小売り）

ニューノーマルに向けた小売業の5つの変革

オムニチャネル専門家のクリス・ウォルトン氏は、新型コロナウイルスは各業界、特に小売り業界に対して

(1) 食料品のオンライン販売普及、
(2)キャッシュレス化の促進 【例：アマゾンゴー】
(3) レジなし店舗やモバイル決済の導入拡大、
(4)店舗の役割の変化、【今後は、商品を受け取る場所としての機能】
(5) 倉庫システムの自動化・ロボット導入の促進

出所：JETRO（2020/6/19）Photo：筆者撮影

6. まとめ

　コロナ禍の中で社会に大きな変化が生まれ、ＳＤＧｓ17目標達成方法の手段の一つでもあるピボット戦略を経て新しい市場が生まれています。二〇一六年から二〇三〇年の長期的なスパンで、人権や環境に配慮したビジネスを通じて社会改革が起きているのです。

　ＳＤＧｓ目標に則る環境・社会貢献を経営戦略に取り入れた企業理念の明確な表明と、そのような企業に対するステークホルダーからのＥＳＧインパクト投資が基準となり、企業価値を上げるためにピボット戦略が必須となっています。

　ＳＤＧｓを自社の儲けのためだけの目標としてではなく、ＳＤＧｓ国連憲章に記された意味を取り入れた経営理念を、企業が明確に社会貢献として自社ウェブサイトに表明することが大切になっています。環境や社会への配慮と持続

サステナブル(持続可能な)社会を再生する

■世代間を超えた価値観を合わせて
10～20～30年のスパンを見据えながら
この社会をどうサステナブルに
改革していきたいと思いますか？

アフターコロナの時代に
企業存在価値×次世代視点の
新市場が生まれる。

可能性が重要な時代に突入したのです。

※ No One Left Behind（誰一人として取り残さない）

Well Being（それぞれ個人の幸福感が大事、どうあるべきかを追求）

激動の二〇二〇年を経て、二〇二一年を迎えたニューヨーク。全米に広がった人権運動、そのムーブメントの原動力となった次世代のチカラと声。二〇二一年、社会の再生に向かって動き出したアメリカ。サステナブルな商品と企業の社会貢献に対する厳しい評価が、企業の存在価値を左右する時代になりました。

【我々の今後の課題】
Beyond 2030に向けて
このグローバル社会を
世代を超えて
どう変えていきますか？
企業存続価値をどう作り直しますか？
【SDGs ✖ 次世代 ✖ 企業価値】
SDGs
Decade of >>> ACTION
iStock.com / ankomando
Photo: Microsoft gallery / Adobe stock

欧米企業のＳＤＧｓピボット戦略12の実例

1．米企業二七社とNY市行政――雇用問題を教育機関・NGO団体が協力

「New York Jobs CEO Council」の主旨と目的は、黒人・ラティーノ系・アジア人などの非白人系の若者を積極的に採用し、長期的キャリアパスに必要なスキルを習得させることを狙いとし、ニューヨーク市立大学（CUNY）とも協力体制を組み、教育に力を入れることです。

賛同企業は二〇三〇年までに、一〇万人の雇用創出と、二万五〇〇〇人の就業機会やインターンシップの機会を提供する方針を示しています。

（1）貧富の格差広がるニューヨークがサステナブルな社会再生へ

ニューヨーク市では貧富の差が広がっており、特に貧困層でスキルのないマイノリティーに新型コロナウイルスの出現が悪影響を及ぼしているのが現状です。

4
質の高い教育をみんなに

働きがいも経済成長も

10
人や国の不平等をなくそう

10万人	2030年までに10万人の雇用創出
2万5000人	2030年までに就業機会やインターンシップの機会を提供
30名以上	CEO・教育機関・非営利団体の代表者たちによる賛同

出典：New York Jobs CEO Council

ブロンクス地区の失業率は、マンハッタン地区に比べて85％も高い数字が出ています（二〇二〇年八月）。ニューノーマルと呼ばれる時代を迎え、新しいスキルに対応するための雇用の需要が拡大する一方で、必須なスキルの条件に満たない人々が四〇万人にものぼる能力格差も生まれています。

ニューヨーク市は、若い人達が雇用の機会にアクセスできるように、ＮＰＯ団体「HERE to HERE」が推進してきた雇用プログラム「Career Wise NY」を積極的に支援するとしています。

社会格差を埋める雇用機会の創出が急務の課題として、米大手主要企業ＣＥＯらとＮＹ市が、サステナブルな社会再生を目指して取り組み始めています。

（２）米企業二七社と大学とＮＹ市行政が連携

パンデミックで雇用と需要の格差が広がる中、アメリカ大手企業二七社の経営者（ＣＥＯ）らは二〇二〇年八月から貧困層やマイノリティー、次世代の若者を対象に、今後積極的に人事採用を行う新組織「New York Jobs CEO Council」を発足しました。

ニューヨーク市立大学と金融大手シティグループとＮＧＯ団体がサステナブルな再生を目指し、共同連携で新たなパートナーシップの枠組みを打ち出しました（ＳＤＧｓ＃17パートナーシップ）。有力企業のＪＰモルガンのダイモン氏やアマゾンのベゾス氏も賛同する声明を発表しました。

共同議長五社

・JP Morgan Chase

・EY（Ernst & Yong）

・IBM

・McKinsey & Company

・Accenture

下図の通り、米大手企業二七社のCEOらが、教育機関、コミュニティ、非営利団体と緊密に協力して、ニューヨークの学生と労働者へ最大の支援を行います。

(3) 次世代若手の雇用も拡大

人権問題や労働格差を埋める雇用機会の拡大が急務の課題となる中、企業（民）と市（行政）と教育機関が協働で社会再生を目指して取り組み始めています。

この動きは、SDGsの

（#4）教育

（#8）働きがいと経済成長

米企業28社と大学とNY市行政が連携

■共同議長5社

Jpモルガンチェイス 銀行持株会社・商業銀行	アーンスト・アンド・ヤング社（Ernst & Young） 会計税務コンサルティング	IBM（アイ・ビー・エム） 世界規模IT企業	マッキンゼー&カンパニー ビジネスコンサルティング	アクセンチュア 総合ビジネス・コンサルティング

■米大手企業23社のCEOが賛同

エーアイジー （AIG） 総合保険	アマゾン （Amazon） ネット通販	アメリカン・エキスプレス （American Express） クレジットカード	エーオン （AON） 保険	バンク・オブ・アメリカ （Bank of America） 金融
ブラック・ロック （BlackRock） 資産運用	ブルームバーグ （Bloomberg） 大手総合情報サービス	バンク・オブ・ニューヨーク・メロン （BNY MELLON）金融	シティ・バンク （CITI BANK） 金融	コン・エディソン （CON EDISON） 電力・ガス
ゴールドマン・サックス （Goldman Sachs） 金融	グーグル （Google） インターネット関連	マイクロソフト （Microsoft） ソフトウェア	マスター・カード （MasterCard） クレジットカード	メモリアル・スローン・ケッタリング癌センター Memorial Sloan Kettering Cancer Center
ティー・アイ・エー・エー （TIAA） 保険年金	モンテフィオーレ （Montefiore） メディカル病院	マウント・サイナイ （Mount Sinai） 病院	ニューヨーク・プレスビテリアン病院 （New York Presbyterian）	ニューヨーク・タイムズ （NY Times） メディア新聞
ティッシュマン・スペイヤー（Tishman Speyer） 多目的開発物件	ベライゾン （Verizon） 電話通信	ウエルズ・ファーゴ （Wells Fargo） 金融	出所:New York Jobs CEO Council 情報を元に筆者作成	

（#10）人や国の不平等に該当するもので、各業界がサステナブルな社会再生へ貢献する輪が広がっています。

（4）二〇二一年一一月：新ニューヨーク市長への次世代の期待とは？

ニューヨークは、世界の商業・金融・文化の中心地の一つです。そこで何が起きているのか、どんな流れに向かっているのかを知ることで、日本の将来に起き得ることを予測できるのではないでしょうか。

ニューヨークの今後の政策方針はどうなるのか？

ニューヨークに対する次世代の期待は？

この項では、これらの内容について述べています。

●政策の課題は三つ。
「NY市警の組織改革」
「人権差別問題の改善」

「公共安全と治安改善」

次世代のＳＤＧｓの関心事である「社会」面です。

二〇二一年一一月二日のＮＹ市長選挙で当選したエリック・アダムス氏（民主党）は、ＮＹ史上二人目の黒人市長（第一一〇代目）として、二〇二二年一月一日に就任しました。

彼はニューヨーク市警（ＮＹＰＤ）の元警部で、人種差別に対して強い正義感を持ち、新市長として相応しいと有権者の注目と支持を集めました。そして、同氏は次世代の支持も得ているのです。

二〇二〇年のコロナ禍、ＮＹをはじめ全米で多数のブラック・ライブス・マター（ＢＬＭ）運動が広がりました。「黒人の命は大切だ」と人種間の平等を主張する市民運動には次世代が多く参加していました。

二〇二一年には、黒人以外のヒスパニックやアジア人にも犯罪被害が広がり、ＮＹ市の治安が悪化しましたが、この犯罪増にまず声を上げたのが、アジア系アメリカ人の次世代の若者達でした。

ＮＹ市警の組織改革を求める声が上がりました。根深い人種差別がＢＬＭ運動により可視化されましたが、その運動をリードしたのも次世代です。そして、企業の製品などに対しても、人種差別や児童労働などの人権侵害により作られた製品かどうか厳しい評価を行うようになりました。

ＮＹ市警の組織改革（前デブラシオ市長、前クオモ州知事の警察改革案）

デブラシオ前市長は、ＮＹ市警への予算削減や業務内容の見直し、懲戒処分者の公表など警察改革を実行しました。二〇二一年三月二七日には前クオモ知事が、ＮＹ警察官の民事訴訟における免責特権（白人の特権）の取消し、警察業務の透明化などの警察改革案を州議会に提出し成立させました。（二〇二一年五月：Japan Local Government Center）

二〇二一年の春ごろから、アジア人を狙った犯罪も多発しており、ピープルオブカラー（黒人・ヒスパニック・アジア人を含む有色人種）へのヘイトクライム（憎しみ犯罪）の被害が増えています。このアジア人を狙った犯罪を減らそうと、ＮＹ市在住のアジア系アメリカ人の若者達（二〇代～三〇代のＺ世代やミレニアル世代が中心）が立ち上がり、ＮＰＯ法人組織を作

NY 市警（NYPD）組織改革に声をあげる次世代の若者たち　Image by UnratedStudio from Pixabay

り犯罪防止の声を上げています。

●ストップアジアンヘイト（#StopAsianHate-Fight Anti-Asian Racism）「二〇二一年対アジア人暴力反対集会」

二〇二一年対アジア人暴力反対集会は二〇二一年にアメリカ各地で開かれたアジア系アメリカ人に対する暴力に反対する集会。

アメリカの人権問題について次世代の若者達が積極的にデモ運動にかかわり、人種差別問題や社会構造改革、そして企業ビジネスについてサステナブルな行為かどうか大きな関心をもって注目しています。

このように生活環境が悪化している中、NYPD（NY市警）の組織改革と治安の改善、人種差別や被害問題の解決は、市中の最優先課題とされており、これに対する次世代の声もさらに大きくなってきています。

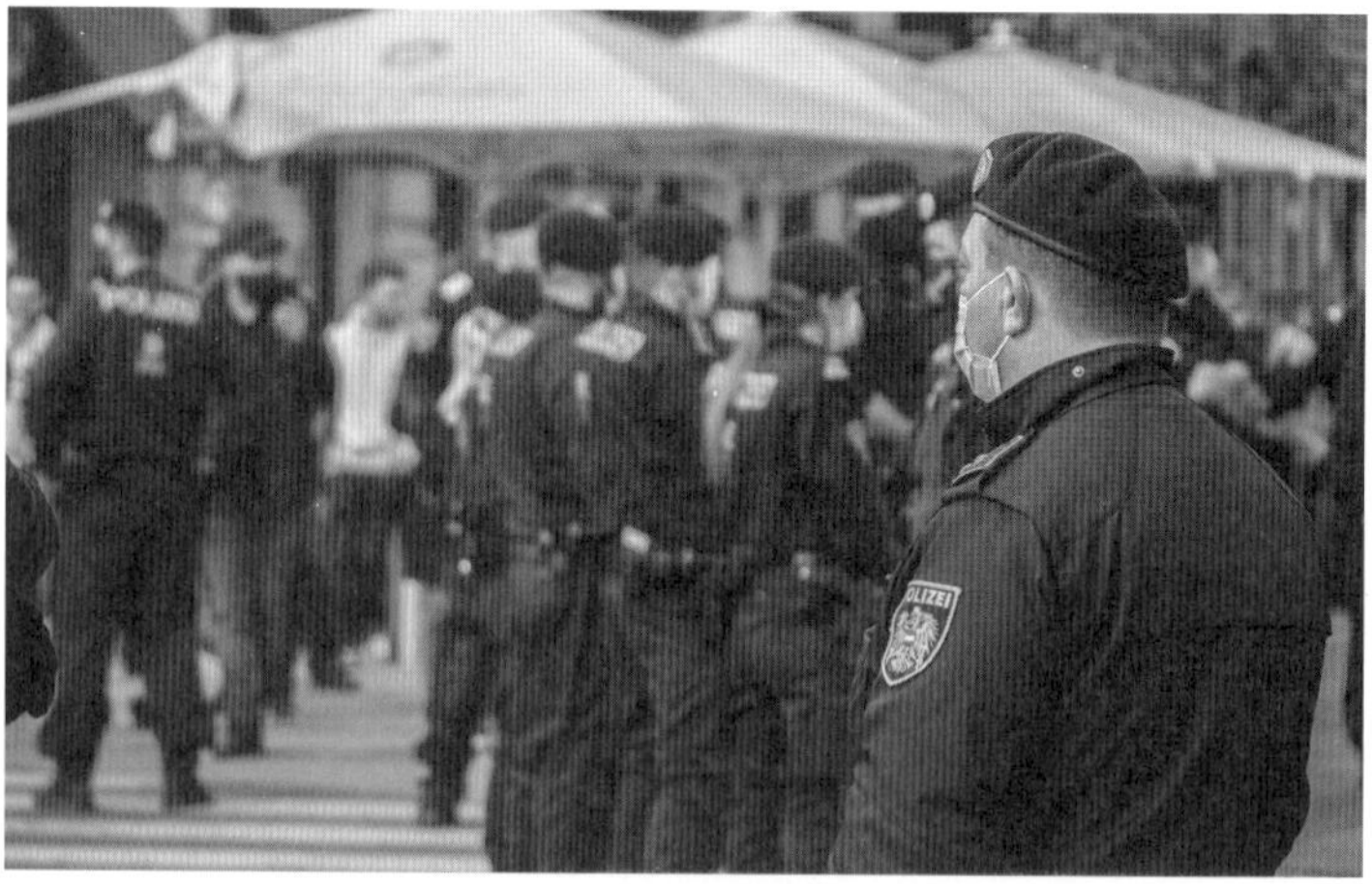

NY 市警　Image by UnratedStudio from Pixabay

そんな中、全米最大の都市であるニューヨーク市では、ポストコロナでどのように治安を安定させるかが重要な政策課題であり、アダムス新市長への期待が高まります。

民主党アダムス氏の当選は、より中道左派的な民主党のリーダーシップの始まりを告げるものとしてみられています。

また、アダムス氏は、左翼的な路線を目指すビル・デブラシオ前市長にも、その前任者のマイケル・ブルームバーグ元市長（中道派）にも協働者として受け入れられています。

さらにアダムス氏は労働組合や富裕層から幅広い支持を得ると共に、一一月二日の市長選での勝利に姿を見せたキャシー・ホークルＮＹ州知事（二〇二一年八月就任）とも友好関係を築いており、二〇二二年一月一日に就任後は、前述の課題を優先し生産的かつ効率的な政治関係を周囲と築くつもりであることを明らかにしています。

このことはＳＤＧｓ＃17のパートナーシップ協働政策にも大きく関係してきます。

同氏は、ピープルオブカラー（有色人種）の労働者たちの安全や中流階級の有権者たちのニーズを、ＮＹ市政策に反映することを約束しました。今まで以上に、人種差別問題の改善と治安の安定に向けた市政策が優先されるのです。

エリック・アダムス氏の登場は、ＮＹの次世代（Ｚ世代やミレニアル世代）の期待でもあり、ＮＹが発信する改善政策は他州の政策にも影響を与えることから、今後のＮＹの動きに期待が集まっています。

2. 実例①H&M、実例②グッチ——FSC認証と原材料

ファッション業界は廃棄量の多さや環境負荷が高いことが認識されてきています。

日本の環境省が実施している調査（日本総研のレポート）では、手放される服のうち廃棄されるものは二〇二〇年には約65%、年間五一万トンと言われています。（環境省　令和二年度ファッションと環境に関する調査業務）

欧米のファッション業界ではサステナブルな傾向が年々高まっています。繊維の原料や加工についての原産地追跡など、環境配慮を重視するブランドや繊維会社が増加しています。欧米ファッション業界では、パンデミックに直面する中、サステナブルな素材の調達が活発化しました。素材面では、リサイクルポリエステルやオーガニックコットンなど、サステナブルな素材が注目されシフトが進んでいます。

iStock.com/AngiePhotos

原産地の面では、（レーヨンやリヨセルなど木材から取り出したセルロース使用の繊維として）原生林や消滅の危機にある森林からの調達を避け、ＦＳＣなどきちんと管理された森林認証のある原料を選ぶなどの取り組みもされています。どこのどんな森から調達された原材料なのか生産地を明らかにすることにもこだわりが進んでいます。

欧米ファッション業界の代表でもあるＨ＆Ｍやグッチが取り組んだサステナブルの具体例とはどういったものでしょうか？

※ＦＳＣとは：森を守るマーク　森林認証制度

ＦＳＣ®（Forest Stewardship Council：森林管理協議会）は、国際的な森林管理の認証を行う協議会。責任ある森林管理を世界に普及させることを目的に一九九三年一〇月にカナダで設立された国際的なＮＧＯ（非政府組織）。自然資源の持続可能な利用に

新しく作られる服
81.9万トン/年間

廃棄
51万トン/年間

お風呂のお湯（一般家庭）約0.2トン
約255万杯

環境省 令和2年度ファッションと環境に関する調査業務

取り組むＷＷＦ（World Wide Fund for Nature：世界自然保護基金）は、ＦＳＣの設立当初よりその普及に力を入れています。環境保全の点から見て適切で社会的な利益に適っていること、経済も継続可能で管理をされた森林・林産物から正当に原料を調達している企業に対して与えられる認証です。

消費者はＦＳＣのマークが入った製品を買うことで世界の森林保全を応援できるという仕組みです。

（出典：ＷＷＦ）

（１）実例①Ｈ＆Ｍ：二〇二五年末までに原材料のセルロース繊維をＦＳＣ認証の森林から調達すると宣言

Ｈ＆Ｍは、二〇二五年末までに自社の製品に使用されるセルロース繊維をＦＳＣ認証のある森林から調達することを明らかにしています。Ｈ＆Ｍに製品を供給しているサプライチェーンに対しても、森林保全に関する独立した監査機関を通じて持続可能な繊維であることの証明を要請しています。

環境ビジネス・エキスパートのマドレーネ・エリクソン氏は、森林保全独立監査機関とＦＳＣ認証の原材料を組み合わせることで、私たちが使用する繊維が適切に管理されている森林から調達されたものだと確信できると言及しています。

（２）実例②グッチも、ＦＳＣ認証を得た森林からセルロースの調達を拡大

グッチもまた、ＦＳＣ認証を得た森林および森林保全独立監査機関の基準を満たした生産者からレーヨンなどのセルロース繊維を調達すると表明しました。

ファッションブランドの中でもグッチは、環境保全対策と商品の素材などの情報開示に、いち早く行動した企業です。二〇一八年には、ウェアおよびアクセサリーに使用した木材パルプ原料のレーヨンの約62％が、この認証で認められた供給者（サプライヤー）から調達されています。繊維だけでなく他の素材に関しても、グッチは、二〇一八年までに原材料の95％を原産地まで追跡する目標を掲げ、二〇二五年までにはその割合を１００％にまで引き上げようとしています。

ファッション業界では他にも、ステラ・マッカートニー（本社：イギリス）が森林保護団体と協力し、セルロース繊維の環境への負荷を調査し、原料調達から製造までのトレーサビリティを行うなど、素材や原産地などについてのこだわりを表明しており、このような企業が多く見受けられます。二〇二一年、ファッション業界のサステナブルブランドへの転換は注目を浴びる一方で、売れ残った商品や使用されない材料など大量のゴミ処理問題も明らかになっています。大量生産への解決やサプライチェーンの仕組み改善が急務な課題となっています。

3. 実例③ビール醸造場――レストラン・フェスティバルのオーナーと町おこし

コロナ禍の最中に新規ビジネスを始めるのは良策ではないと考え、コロナが収まるまでじっと動かずに様子を見ている人が多数いる一方で、町おこしや事業再生に着手している人達がいます。

アイダホ州ボイシ市では、レストラン、ビール醸造場、ミュージック・フェスティバルのオーナー達が中心となり、ビールブランド「WPA Beer」を共同で作りました。

地元のビールをブランド商品として再生させコロナで職を失った人達の雇用創出を狙う取り組み「サステナブル#9　産業と技術革新の基礎をつくろう」を始めたのです。

二〇一五年から構想はあったものの、実現はしていませんでした。しかし、このコロナ禍だ

9

産業と技術革新の
基盤をつくろう

8

働きがいも
経済成長も

17

パートナーシップで
目標を達成しよう

アイダホのビール　Image by Andreas H. from Pixabay

からこそ、新規事業を始めるのにまたとないチャンスと考えて、地ビールをブランド化する再生事業に乗り出しました。

（1）名前の由来である「Works Progress Administration」とは？

「WPA Beer」は、世界恐慌時代のフランクリン・ルーズベルト大統領が行ったニューディール政策の一つ「Works Progress Administration」（公共事業促進局／雇用促進局）の事業コンセプトを原点とするものです。

①フランクリン・ルーズベルト大統領のニューディール政策の一つ

ＷＰＡは、大恐慌時代に公共事業計画を拡大し、多くの失業した人たちに仕事を提供した機関の名称です。

・当時ルーズベルト大統領時代のＷＰＡは、橋やダム建設、都心のマーケットと農産地

アイダホのビール会社で働く人々　Image from Pixabay

を繋ぐ道路建設など公共のインフラ整備に重点を置き、多くの雇用を創出しました。
・最大の完工事業は、フーバーダムとテネシー川流域開発公社の電化プロジェクトでした。
・建造物では、オレゴン州マウント・フッドにあるティンバーライン・ロッジや、テキサス州サンアントニオのリバーウォーク、サウスカロライナ州チャールストンのドック・ストリート・シアターなどが、ＷＰＡの歴史的建造物として知られています。

②ＷＰＡは芸術家への支援も実施

・大恐慌時代にＷＰＡのフェデラル・ワン（芸術家支援）が計画され、職を失って生活に困窮した作家や音楽家、アーティストにも仕事を提供しました。
・製造業に従事している人たちの当時の給料は週一七ドル、医者は週六五ドルでした。ＷＰＡのフェデラル・ワンは、芸術家たちに毎週二三・五〇ドルを支払い、多くの困窮する芸術家を助けました。

その中には画家・劇作家・映画監督・歌手も含まれており、こうしたアーティストの作品は、大恐慌時代の偉業物として米議会美術館のアフリカ系アメリカ人コーナーで展示されています。なぜ今、このアイダホ州のビール生産の話題がアメリカで掘り起こされ注目を浴びたかというと、二〇二〇年のコロナ禍で職を失い困窮した芸術家が大勢いる中、各業界がその特徴を活かし、お互い連携しサポートし合うニューディール政策のＷＰＡ精神が、現代のポストコロナに向けた新ＳＤＧｓ市場再生化のモデルとなったからです。

（２）世界恐慌時のＷＰＡがモデルケース：ＷＰＡ精神に基づき、アイダホ州で町おこし（地産地消による再生化）に向け再び地産ビールのブランドを設立

「公共事業の雇用機会を拡大。失業者に仕事の機会提供」「職を失ったアーティスト達も支援する」↓　地産地消型の連携プレイでサーキュラーエコノミー（循環経済）再組成。

創設チームは次の四人です。

・レストランの共同オーナー、デイブ・クリック氏とジェイミー・アダムス氏
・ビール醸造場 Lost Grove Brewing のオーナーのジェイク・ブラック氏
・地元ミュージック・フェスティバルでクラフトビールや食を提供する Alefort 主催者のデイビット・ロバーツ氏

このメンバー全員が、ビール業界に長く関わっており、地域社会と深い関係を築いてきました。新たな醸造所を共同で作る構想を長らく温めてきましたが、新型コロナウイルス感染症の拡大が始動のきっかけとなりました。

「この地域がまさに今、助けを必要としていると感じたから」と創設チームのデイブ・クリック氏は、「共同」「連携」「地産地消」を合言葉のように述べています。この連携型の循環経済が「アイダホのサステナブルなビールビジネスと福利と雇用創出」を再度実現させ、村おこしとなる新たなＳＤＧｓ新市場が生まれています。

(3) WPA地元ビールプロジェクトの再生事業

まずは地域のビール醸造場と連携して、コミュニティに必要な支援を行うための資金集めを行いました。

①「City of Good」ビールは地元の子供達の給食も支援

「WPA Beer」事業は、さらに地元の農家を応援し貧困層の子供たちにも給食を提供するフード循環システムも構築しました。

「City of Good」と名付けられたビールは、二つのビール醸造場によるコラボ商品であり、収益金は地元のNPO団体にも寄付されます。そしてNPO団体から市内の公立学校の子供たちに数回にわたり七五〇食の給食が提供されました。

アイダホのIPAビール　Image photo by Tibor James, Pixabay

②「WPA Beer」が目指すもの

新たな形の地域経済活性化を目指し、地産地消の精神をもとに地元の原材料を使用する。何世代にもわたって醸造場で継承されてきた古くからの理念や知識を尊重しつつ、新しいＳＤＧｓ市場を見据えたサステナブルな地ビール作りを目指しています。

醸造所にボランティア部門「Civvies（シヴィーズ）」を開設し、ＮＰＯの活動やコミュニティの様々なプロジェクトを支援しています。WPA Beer の理念である「ビール作りを通して前進していく」こと、町おこしをして「社会再生への価値や利益を新たに生み出す」ことの実現に向けています。

4. 実例④Tモバイル――低所得者層の児童・生徒たちに無料Wi‐Fi提供

米通信大手Tモバイルは二〇二〇年九月三日、新型コロナウイルス（パンデミック）で学校が閉鎖され自宅学習を続けている児童・生徒たちに、「教育プロジェクト10ミリオン（Education Project 10 million）」サービスを実施すると発表しました。

その主旨は、パンデミックでさらに広がるアメリカの教育格差をなくすため、ネット環境へのアクセスを開放するというものです。貧困層で学校に通えず社会的支援が必要な家庭の児童・生徒向けにWi‐Fi接続を無料提供するほか、タブレットやラップトップパソコンを安価で貸し出ししています。

Tモバイルの契約者でなくても同プロジェクトに参加することができます。

iStock.com/Tak Yeung

（1）Tモバイル、教育支援で子供達に無料Wi－Fiを提供

アメリカでは人種の格差や貧困問題もあり新型コロナウイルスが広がる以前から、就学児童・生徒五六〇〇万人のうちおよそ九〇〇万人がインターネットにアクセスできず、学校の宿題ができずにいます。

そのため学校の成績や卒業後の進路に悪影響を及ぼしていたことが問題化していました。さらにパンデミックにより、米国では五〇〇〇万人の児童・生徒が在宅学習の状態で、特に貧困層の家庭ではインターネットにアクセスできないために、オンライン授業を受けられない子供達が多数います。

そのような事態を踏まえて、Tモバイルは二〇二〇年二月のスプリントとの合併後にインターネットにアクセスできない家庭の児童・生徒を対象とした無料Wi－Fi接続サービス「プロジェクト10ミリオン」を発表しました。年間一〇〇GBまでインターネット接続を無料化するとともに、デスクトップやラップトップパソコンも安価で貸し出し、ネットにアクセスしやすいように取り計らいます。

（2）現在、全米で一六〇万人が利用

米国では一七〇万世帯がインターネット回線にアクセスできない状態ですが、Tモバイルは今回のプロジェクトを機に、この問題も解決するとし、パンデミックが深刻化した二〇二

○年三月からは全米の三一〇〇学区で学ぶ一六〇万人の児童・生徒にインターネットへのアクセスを無料で提供しています。さらにカリフォルニア州では、アップルと共同で児童・生徒一〇〇万人に同様の機会を提供する準備を進めています。

全米でほぼ六か月以上にわたり学校での対面授業が閉鎖となる中、同社CEOは、「我々は、さらにこのプロジェクトを拡大しインターネットでの新たなサポートを構築する」と、全米の児童・生徒たちへの教育支援の一環として、機会の継続と拡大を示しています。

アメリカ大手通信社Tモバイルの動向は、SDGsの#4「質の高い教育をみんなに」に繋がるサステナビジネスの一環であると注目されています。

（出典：Tモバイル「プロジェクト10ミリオン」公式ページ）

Tモバイル「プロジェクト10ミリオン」

※アメリカでの義務教育は、日本の幼稚園年長（グレードK）から高校三年（グレード12）までです。

5. 実例⑤リーバイス――古着買い取りと再販サイト開設（アップサイクル循環経済）

ジーンズのブランドで有名なアメリカのリーバイス。同社は一八五三年にリーバイ・ストラウスが、米国カリフォルニア州サンフランシスコを拠点に創業。現在も創業者の子孫であるハース家（株式75・6％、議決権99％）によって所有されている創業一七〇年の歴史を誇るアメリカを代表するアパレルメーカーです。

（1）リーバイスのこれまでのサステナビリティな取り組み

リーバイスは、なぜ一七〇年も続いてきたのでしょうか。その理由は、企業理念としてサステナブルな社会貢献に則した活動を展開してきたこと、セカンドハンド（中古品）の商品販売を行ってきたからではないでしょうか。

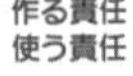

同社のウェブサイトを開いた瞬間に「サステナビリティ」という大きな文字が目に飛び込んできます。

アメリカのアパレル業界で、持続可能な事業再生を成功させている企業事例として知られる同社が行っている、サステナブルな社会貢献のエピソードを紹介します。

途上国の現地工場では、まず子供達に学校をつくる

リーバイスは早くから発展途上国（中国やカンボジア、ベトナム）に工場があり、現地の児童労働の回避を含むガイドラインを制定していました。しかし一九九二年、ある工場で就労年齢に達しない児童労働の実態が明らかになりました。この時リーバイスがとった方針はどのようなものだったのでしょうか？

「現地に学校をつくり、子供達を通わせて、就

iStock.com/SweetBabeeJay

労年齢に達してから再雇用する」

この方針に対して、株主などステークホルダーからは批判が相次ぎました。「学校を建てる資金があるなら、株主やステークホルダーに、より多く還元するべきだ」と株主への利益優先を主張してきたのです。そうした批判を受けながらもリーバイスは、同社会長が理念とするサステナブルな観点から、人権保護や差別撤廃、環境保全、フェアトレードなどといった社会的責任を追求する経営を貫いてきました。

「上場企業ほど株主利益に左右されない企業になることを選択する」として、リーバイスは、社会に貢献する企業であり続けるために、米国での株式上場を廃止した経緯があります。

※その後、社会貢献への支持を得て同社は二〇一九年三月二一日にNY証券取引所に再上場しました。

（2）古着の買い取りと再商品化、そしてeコマース開設へ

同社は二〇二一年一〇月八日に、リーバイス商品の古着の買い取りと、商品のリサイクル、そして古着やリサイクル品販売のためのeコマースサイト「Levi's® SecondHand」を立ち上げたことを発表しました。

従来の事業再生に加えて、古着販売にも力を入れるサーキュラーエコノミー（アップサイクル循環経済）にピボット転換する方針を示しました。

同サイトでは、リーバイスが自社のジーンズやジャケットを買い取り、売り手には商品券

一五ドル～二五ドル分を、ビンテージものの場合は三〇ドル～三五ドル分を還元します。

買い取った古着は、再度サステナブルなサーキュラーエコノミー再生に向けて商品化したあと、自社のeコマースサイトで三〇～一〇〇ドルで販売するという仕組みです。

リサイクル商品として再販できないような使い古した古着でも、五ドルの商品券がもらえ、それらの再生不可能な製品は、断熱材等の素材としてリサイクル・リユースします。

（3）サーキュラーエコノミー（アップサイクル循環経済）を目指して

このリーバイスのサーキュラーエコノミーへの取り組みは、サステナブル（SDGs）なESG投資の根幹であるE（Environment）＝環境問題への配慮も含まれています。

自社の古着の買い取りと再生販売により、同社では一着のジーンズが再販されるごとに、二酸化炭素排出量を約80％削減でき、廃棄物も七

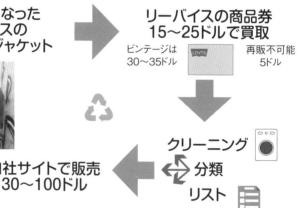

もう着なくなった
リーバイスの
ジーンズやジャケット

リーバイスの商品券
15～25ドルで買取

ビンテージは
30～35ドル

LOVTS

再販不可能
5ドル

クリーニング

分類
リスト

自社サイトで販売
30～100ドル

○○g削減できると見込んでいます。今回のサーキュラーエコノミーを目指す同サイトは、まず米国で試験導入し、将来的にはグローバル展開していく予定です。

（4）誰もがクローゼットに眠っている古着で社会貢献できるチャンス

リーバイスのジーンズは、誰もが一本は持っている商品とも言えます。クローゼットに眠っている着古したジーンズを同社に買い取ってもらい、リサイクル商品として販売することで、リーバイスが展開するサーキュラーエコノミーという環境に優しいサステナブルな循環経済に貢献することができます。

1着のジーンズが再販されると?

二酸化炭素排出量80%削減

再販されない場合を100とする

再販された場合の二酸化炭素排出量

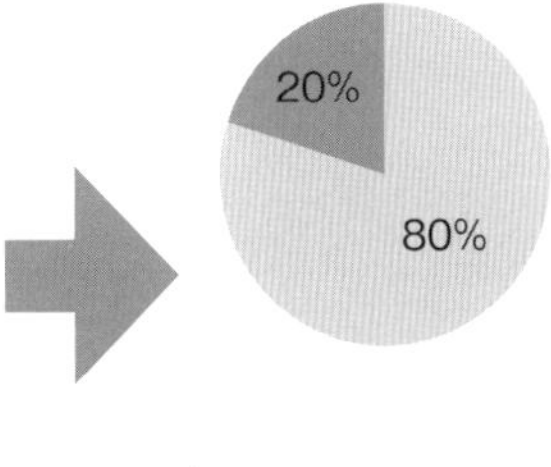

廃棄物700g削減

週刊少年ジャンプ1冊分（約700g）

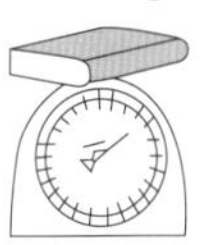

6. 実例⑥NYレストラン——失職したブロードウェイ劇場関係者に無料で食事提供

(1) NY劇場の全公演が中止、一〇万人が失職した二〇二〇年

コロナ禍というパンデミックをうけ、二〇二〇年三月一二日にニューヨーク非常事態宣言が発出されました。それに伴いニューヨークのブロードウェイでは劇場での全公演を中止すると発表しました。その後一〇月九日には「中止を翌年五月三一日まで延期する」と発表しました。さらに、開始期日は延期され、二〇二一年九月から本格的に再開されました。

またニューヨーク・フィルハーモニーも二〇二一年六月までの全公演を中止。ニューヨーク州・市当局による新型コロナウイルス感染対策の制限を受けて苦渋の決断でした。こちらも二〇二一年九月から再開しています。

二〇二〇年、NYの劇場や舞台の全公演中止

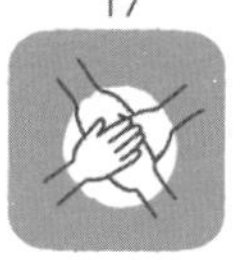
17
パートナーシップで目標を達成しよう

11
住み続けられるまちづくりを

により、劇場関係者一〇万人が職を失い、さらに観光客が激減したため、劇場街のレストランも閉店が相次ぎました。

当時、ブロードウェイの劇場周辺で長く営業してきた老舗姉妹レストラン、フレンチレストランのマルセイユ（Marseille）とイタリアンのニッツア（Nizza）の二軒が、ブロードウェイの劇場関係者やダンサー、俳優たちに無料で食事を提供すると発表しました。

失職した劇場関係者たちに「食事に困ったら無料で食事を出しますよ。来年、劇場が再開してから払える人は払ってくれたら良いし、それでも払えない人は、払えなくてもいいです」と宣言したのです。加えて「ただし、レストランのウエイターやウエイトレスもエッセンシャルワーカーだから、彼らにチップだけは払ってくださいね」と、レストランのスタッフ達への支援もアピールしました。

※エッセンシャルワーカーとは、社会インフラの維持に必要不可欠な職業の労働者のことで、医療・公共サービス・交通機関・食料品などに携わっている人を指します。

（2）NYブロードウェイ、五月に医療従事者を食事支援していた

ニューヨークにコロナの感染が拡大していた二〇二〇年五月頃、ブロードウェイの俳優たちは、マンハッタンのベルビュー病院（NYC Health and Hospitals/Bellevue）の最前線で働く医療従事者達に食事を提供する活動を行っていました。

このサステナブルな連携支援は、トニー賞受賞の俳優セリア・キーナンボルジャーさん、元共演者のギデオン・グリックさん、作家のビクトリア・マイヤーズさんが共同連携で立ち上げたものです。食事列車「Broadway Feeds Bellevue（ブロードウェイ・フィード・ベルビュー）」と銘打ったキャンペーンで、劇場や演劇界からの寄付をもとに地元のレストランへ食事を注文し、医療従事者らに提供するというものです。

このキャンペーンでは、一般の人たちも医療従事者へ食事支援ができるオンライン募金を設置し、一五〇ドル（日本円でおよそ一万六〇〇〇円）からスポンサーになることもでき、医療従事者のみならずパンデミックで閉店に追い込まれたレストランにも同時に支援できる形となったのです。こうしてロックダウンされたNYでSDGs連携協力が行われました。

（出典：NYbiz news: 2020/5/1）

このNY劇場関係者によるキャンペーンにより、医療従事者もレストランオーナーももっとも厳しいコロナ禍の波を乗り切ることができた人が多かったといいます。

二〇二〇年一〇月に入り、二〇二一年五月末まで全公演の中止となったNYブロードウェイ劇場関係者が、さらに厳しい状態に陥っていく中、前述した通り今度は、近隣のレストランオーナー達が、劇場関係者に無料で食事の提供をすると声をあげました。

二〇二〇年五月に劇場関係者たちが、レストランと医療従事者に実施した支援キャンペーンへのお返しに、今度は、彼らが劇場関係者たちを支援するサステナブルなパートナーシップによるサプライチェーンに繋がりました。

（３）NYの劇場と俳優、ダンサー達の成功が、同時にレストランの成功だ

今回、劇場関係者への支援への名乗りを上げたフレンチレストランのマルセイユ（Marseille）とイタリアンのニッツア（Nizza）のオーナーが、「今まで景気の良い時に劇場に稼がせて貰ったお礼だ、劇場と俳優やダンサー達の成功が、同時に我々レストランの成功でもある」と声を上げ、今回の支援になりました。

この無料の食事提供は、劇場関係者のみが対象で、劇場の身分証明書を持っている人に適用されました。

（４）NYでサステナブルな連携支援の輪が広がる

コロナ禍のニューヨークで、協力しあうレストランオーナーと劇場関係者および医療従事者たち、その相互連携が今後のサステナブルなNY市の再生を目指す動きとして注目されまし

レストランが
NYブロードウェイ関係者に
食事を提供

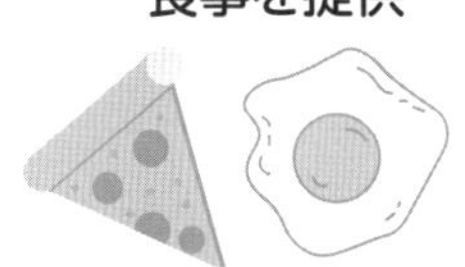

NYブロードウェイ関係者が
医療従事者のために
地元レストランに注文

医療従事者に食事を提供

地元レストランに寄与

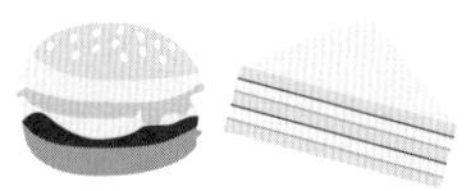

た。

持続可能なビジネスのサプライチェーンの再構築への動きが、今後「SDGs17項目が目指す本来の主旨でもある「No one will be left behind & Well being」＝誰一人として取り残さない社会と一人ひとりがよりよく生きる」ことを目指すきっかけとなるのではないでしょうか。

（5）二〇二一年九月：NYブロードウェイや美術館が再オープン！

二〇二一年九月一四日、NYブロードウェイ劇場がようやく再オープンとなりました。

オープン前日一三日の夜、NYメトロポリタン美術館での「METガラ」パーティも、オンラインバーチャルではなくMET美術館を会場にセレブが実際に集まるリアル開催で明るい話題になりました。

各ブロードウェイ劇場や美術館の再開により、NYのエンターテインメント業界も次第に復活のきざしを見せ、改めてコロナ禍を脱出しアフターコロナの経済再復興が現実的になりました。

NY劇場関係者のコメント：Yuko Hale氏
「本日オープン初日を迎える演目はシカゴ、ライオンキング、ハミルトン、ウィキッドなど。四時半の劇場前には既にテレビ局がスタンバイしています。

昨夜、無事にドレスリハーサル終了。一年半ぶりにステージに帰ってきたキャストも感無量。入る前にはもちろんワクチン接種証明と顔写真付き身分証明書の提示が必要で、空港にあるようなセキュリティチェックまでありました。最高のシカゴ再演スタートです」

二〇二〇年は、前述記事のように、ブロードウェイ劇場関係者やレストランオーナー達が連携し、失職して生活が苦しい中でも、率先して医療従事者を支援しました。

あれから一年半後、関係者たちの間には劇場再開の喜びがあふれ、コロナ停滞期からの再復活に、ＮＹメディアもブロードウェイ劇場前で待ち構えていました。

この事例も、連携型サステナブルな協働発想が生み出した三社以上のパートナーシップ支援による、新たなＳＤＧｓピボット戦略となるでしょう。

7. 実例⑦カーギル食品会社——サステナブルでヘルシーな食品生産

コロナ禍の中、健康を意識したヘルシーな食品への消費者の関心が一層高まりました。

二〇二〇年はコロナ禍のパンデミックを受け、世界各国の人たちが自宅での自粛生活となりました。

そのような中、アメリカの一般消費者の食品や食材の購買スタイルが変化し、日々の食品や食材、生活必需品の大半をインターネットで購入して自宅にデリバリーしてもらうというスタイルが五~七割にのぼりました。

二〇二〇年三月二二日からロックダウンに入ったNYでも、消費者における購買の志向が変容しています。オーガニックやグルテンフリーに代表されるヘルシーな食品や食材が、コロナ以前にも増して売れています。

3
すべての人に
健康と福祉を

2
飢餓をゼロに

15
陸の豊かさも
守ろう

iStock.com/JHVEPhoto

※グルテンフリーとは、小麦粉などに含まれるグルテンを除去したもの

長いコロナ禍での生活の中、自宅にいる時間が長く、肥満や運動不足を心配する消費者が、インターネットで時間をかけて健康に良いものを選ぶのがトレンドとなっています。

消費者の中でも特に二〇代の健康に関心の高い若者達が、食品を購入する時に、食材に使われている原料や原産地の表示をオンライン上で念入りにチェックするようになり、加工食品や油脂などが多く含まれる食材を避け、少々値段が高くても健康によいオーガニックな食品や食材を選ぶ傾向が高くなっています。

（1）購買行動調査では、消費者全体の53％が「加工食品を購入しない」

アメリカの食品大手カーギル社は九月、消費者の購買行動に関する調査「FATitudes」の二〇二〇年版の結果を発表した。アメリカ人の一般消費者の53％が、加工食品に含まれる脂質の含有量を注意深く確認し、高脂肪の食品を購入しない姿勢を見せています。

注目すべき変化の一つとして、前述した健康に良く持続可能な食品への関心の高さが、コロナ以前に比べて増えたことが裏付けられました。

二〇二〇年のリサーチ結果では、調査対象である一般消費者の37％が、持続可能性を示す食品や食材を購入すると回答しています。これは二〇一九年のリサーチと比べ、６％増加となっています。

（2）健康な「サステナビリティ」食品を求めるミレニアル・Z世代

注目すべきトレンドとして、特にミレニアルとZ世代（二〇代〜三〇代後半）の若者層の健康食品への関心が以前より高まり、100％のオーガニックやグルテンフリーなどの健康食品がブームとなっています。

一方で、加工食品などの添加物や脂質の多い食品や食材は購入しないという意識がミレニアル・Z世代の間で、高まっていることが明らかになりました。さらに、肉類を全く食べないというビーガン志向（肉類以外にも乳製品なども食べない）の若者も増えています。

世代別にみると、一〇代〜二〇代のZ世代で45％、二〇代半ば〜三〇代後半のミレニアル世代で42％が、健康食品に注目しています。若者世代のほぼ半数が、持続可能な健康食品を購入する傾向が強いのに比べて、四〇代〜五〇代の親世代はわずか32％しか健康食品に注目してないという調査データがあります。

アメリカのオーガニック食品専門家は、「Z世代・ミレニアル世代の若者達が、四〇代〜五〇代の親世代が持つ意識以上に、ヘルシーな食品を好むという傾向が強い」とし、「今後、食品を提供する上で無視できない事実である」と発表しました。そして、サステナブルな健康食品を考慮する食品会社は、若い消費者の口に入る食品として、健康と栄養を第一に考えたサステナブルな製造・生産に焦点をあて始めています。

食品の表示ラベルに盛り込まれたデータから、原料原産地から生産過程、店頭に並ぶまでに関わった人・モノ情報をスマートフォンでチェックできるシステムを始めた企業も増えています。

サプライチェーンマネージメント（ＳＣＭ）は、企業が提供する商品や食品について材料の調達から、生産過程、物流、販売におけるすべての生産販売の行程に責任をもつことが必要です。

具体的には、原産地の表示、生産地情報の提供、途上国の子供達を児童労働違反で働かせていないか、闇（違法）の物流を使っていないか、販売までのルートに関わるステークホルダーが不利益を被るシステムになっていないか、など今まで隠されてきた情報を公開し、消費者に対して明確に説明する事です。これはＳＤＧｓを促進する上で、とても重要な戦略概念として広く認識され始めています。

今後、１００％オーガニックの食材を生産し、健康や安全に配慮した食品やグルテンフリーな食品を完全に提供しなければならないと、米オーガニック食品専門家は指摘しています。

(3) サステナブルな健康食品の生産過程を強化

前述の通りミレニアル・Ｚ世代の購買傾向の半数近くを占める動きにいち早く反応し、サステナブルなオーガニック健康食品の生産体制へ一層の強化に乗り出している大手食品会社が、ミネアポリスに本社を置くカーギルです。

「身体に優しい食品を生み出すための、サステナブルな方法を見つけ出そうとカーギルは日々の研究を続けている」とマーケティング生産責任者を務めるジェイミー・マーベック氏は話しています。

同社は、こうした市場トレンドに即日対応し、消費者マインドをすばやくキャッチすることで売上を伸ばし、『Forbes』誌の「米国最大の非上場企業ランキング（America's largest private companies)」で年間売上高一一五〇億ドルを誇る企業として、過去三〇年で二八回首位に輝いた実績をもつ食品会社です。

トウモロコシ畑が何マイルも広がるミネアポリス郊外の広大な敷地に本社を置くカーギル社では、オーガニックやグルテンフリーを優先する健康食品の生産を目指す重要な研究プロジェクトを進めています。

同社は二〇二〇年六月二日、サステナビリティ健康食品の調達と進捗状況を発表しました。加工食品に使われるカカオ、パーム油、大豆、牛肉、養殖飼料の五項目について、消費者が希望するヘルシー食品の基準を満たしていることを示しました。この取り組みについても、同社

出所：Cargill情報を元に筆者作成

はミレニアル・Z世代を含む消費者にアピールすることを強化しています。

アメリカの大手カーギル社がサステナブルなオーガニック生産の強化をアピールし始めたことで、ファストフードチェーンの世界的大手・米マクドナルドと、国際環境NGOのザ・ネイチャー・コンサーバンシーが、パートナーシップを組み、三社協働でリジェネラティブ農業を推進するプロジェクトを発表しました。二〇二〇年から五年間で八五〇〇万ドルを投じるといわれています。

※リジェネラティブとは、「再生させる」という意味で既存のものが、別のところで再び役に立つということを示す。カーギルの場合、オーガニック農薬を基本とする健康な土壌、労働、農家、環境に配慮した新しい農業法のことをいう。

(4) 二〇二一年以降、さらに進化する健康食品ブーム

アメリカの消費者全体の半数を占めるミレニアル・Z世代の購買力は、大手食品会社にはもはや無視できない大市場となる中、二〇二一年以降も、彼らが購入したくなるようなサステナブルな食材や環境に配慮したヘルシー食品がブームになることは明らかです。

この市場トレンドを受け、米大手商品会社の間でも、サステナブルな健康食品を提供する意識が高まっており、新たな概念「ＳＤＧｓ×次世代×事業再生×企業価値」を掲げるサプライチェーンが重視され始めています。

ヘルシーな健康商品を求める若い消費者の動きと、それに応えようとする米大手食品会社らの取り組みが、二〇二〇年のコロナ禍で顕著になった健康トレンドの後押しをして、肥満が多いアメリカにとってより良い健康維持への一助になるのではないでしょうか。

さらにこのムーブメントが、米食品会社らのサステナブルな企業価値の底上げになり、消費者と企業、両者の持続可能な相乗効果となることを期待します。

（参考文献：https://www.cargill.com）

iStock.com/JHVEPhoto

8. 実例⑧NYエンパイア・ステート・ビル所有の管理会社――風力発電100%へ転換

（1）再生可能エネルギーへの転換

ニューヨークのエンパイア・ステート・ビルディングは、一〇〇年近くにわたり、アメリカの経済力の象徴として存在してきました。そして二〇二一年、同ビルは世界各国で頻発している地球温暖化が原因となる大規模な山火事や干ばつなど自然災害を懸念し、持続可能な社会エネルギーの再生を目指した未来への道標として、サステナブルな戦略を打ち出しました。

具体的には、同ビルを管理しているエンパイア・ステート・リアルティ・トラスト（ESRT）が、二〇二一年二月初旬、同ビルとその他の保有不動産をすべて、100%再生可能な風力発電に転換する契約をグリーン・マウンテン・エナジー社と結んだことです。

エネルギーをみんなに
そしてクリーンに

13

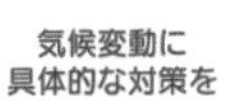

11

住み続けられる
まちづくりを

エンパイア・ステート・ビル　Image by mscamilaalmeida from Pixabay

今回の発表に先立って、エンパイア・ステート・ビルは、クリーンエネルギーとテクノロジーの最新基準を満たすために、二〇一一年から大規模な改修工事を行ってきました。この改修により、同ビルのエネルギー使用量とCO_2排出量を40％削減した実績を作り二〇二一年の新たな地球環境保全への取り組みに繋がりました。

現在、ＥＳＲＴは、ニューヨーク、コネチカットおよびその周辺地域にある他の施設も、サステナブルな再生可能エネルギーの電力供給に転換する準備を進めています。

（2）ＥＳＲＴ、環境負荷の削減と未来の経済に投資

契約先のグリーン・マウンテン・エナジー社は、アメリカで最も普及している再生可能エネルギー、かつ最も安価な風力エネルギーの生産に注力しています。

金融機関のラザード社による調査では、風力発電は、政府の補助金を除いても、他の非再生

出所：エンパイア・ステート・ビル情報から筆者作成
写真：Adobe Photo

可能エネルギーよりも製造コストが低いことが確認されています。

風力発電にかかるコストは、一〇〇〇キロワット時（一〇〇〇ｋＷｈ）あたり九ドル程度であるのに対し、天然ガス発電は税制優遇措置や補助金を均等にすると通常一〇〇〇キロワット時（一〇〇〇ｋＷｈ）あたり二三ドルになるといわれています。さらに、今後一〇年間で風力発電のコストは50％削減されるという調査結果も出ています。

（3）一〇年前から風力発電を計画し、地球環境保全への大きな前進と評価高

エンパイア・ステート・ビルの管理会社ＥＳＲＴは、地球温暖化を懸念し一〇年前の二〇一一年一月から、ＮＲＧエナジー社＆グリーン・マウンテン・エナジー社の風力発電の購入を計画、持続可能な電力供給への改善と向上を試みてきました。

それから一〇年を経た二〇二一年二月、改めてグリーン・マウンテン・エナジー社が提供する風力発電と業務提携し、ＥＳＲＴが所有するすべてのビル一四棟を風力発電１００％に切り替えると発表したことは前述の通りです。

ＥＳＲＴは、ニューヨーク市内のサステナブルな環境への取り組みを最大課題としています。その一環として、二〇二一年一一月にイギリスのグラスゴーで開催された環境会議で議論の的になった「二〇三〇年までに二酸化炭素（CO_2）排出量削減」の目標をかかげています。ニュースメディア「Changing America」では、エンパイア・ステート・ビル関連一四棟で１００％風力発電が可能となれば、三年間で二〇万トンのCO_2排出削減ができると大きく取り上げています。この削減量は、ニューヨーク市内を走るタクシーが一年間に排出

するCO_2と同量です。

ニューヨーク市・州の全域にわたる（オフィスビルを含む）一般家庭への電力供給が、二〇三〇年までに風力発電100％に変われば、CO_2の削減効果も大きくなり、現在もっとも急務な課題といわれる地球温暖化対策へのサステナブルな貢献となります。

エンパイア・ステート・ビル管理会社ESRTが保有する全ビルの100％風力発電への転換が、地球全体の環境保全への大きな前進となり、全米にこの動きが広がることになるのではないでしょうか。ひいては世界各国の都市が目指す脱石炭と再生可能エネルギーの導入への、新たなSDGs市場モデルケースになるでしょう。

（4）なぜ再生可能エネルギーが急務なニューヨークなのか？　地震ゼロでも脆弱なインフラが原因で停電多発の過去

エンパイア・ステート・ビルは築九〇年の老

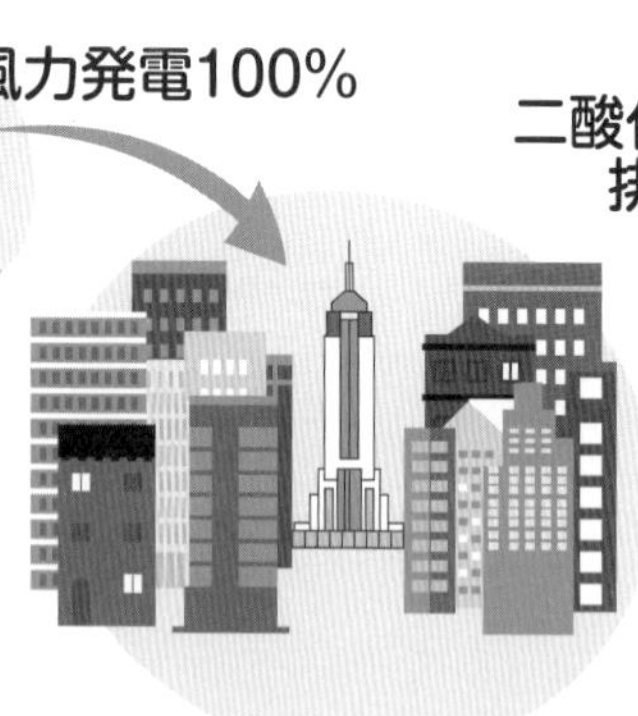

朽化した建物です。かつて筆者は、エンパイア・ステート・ビル四五階のオフィスに勤務していたことがあります。

エンパイアのみならず、ニューヨークにはランドマーク（国定歴史建造物）に指定されている老朽化したビルが多く、配線の摩耗による停電の発生率が高く、特に華氏１００度（摂氏38度）を超える真夏に停電が多く起きます。

配線の摩耗やインフラ設備が脆弱なニューヨーク州では、過去二〇年間に大停電の被害を二度受けました。筆者は二度とも体験しました。

一つ目の大停電は、二〇〇三年八月、摂氏45度を超える真夏日のことでした。米国東部一帯にブラックアウト（大停電）が発生したのです。

この日、四九丁目と六番街に並ぶロックフェラー・センターのオフィスではクーラーがまったく効かずうだるような暑さだったことを今でも覚えています。そして午後四時ごろ、突然パソコンや照明などオフィスの電気がすべてシャットダウンとなりました。

ニューヨーク市内の配電網が暑さで焦げ付き、電力がダウンしたことによるシカゴの発電所の緊急停止が原因でした。つまり人為的ミスではなく、地球の気温が上がり、暑さによる配電線の摩耗が原因だったのです。

電力がダウンしたことが引き金となって、ボストンやワシントンＤＣにも供給していた配電網が作動しなくなり、米国東部一帯が大停電となりました。大停電により冷房が効かなくなり様々な機械の故障が頻発、連日摂氏40度を超える暑さが続いていたニューヨークやシカゴで、さらに50度を超える灼熱の暑さとなり、死者も出るという最悪の状態になりました。

その次にニューヨークを襲った大停電は、二〇一二年一〇月末の超巨大ハリケーン・サンディによるものです。地下鉄構内まで浸水しました。老朽化したビルの地下が水浸しとなり、電力の配線網が水没して麻痺し市内の交通機能は完全にストップしました。この時は電力の全域復旧には一週間かかりました。

この二回のブラックアウト（大停電）や地球温暖化現象による気温上昇とハリケーンの襲来により壊滅的な打撃をうけたことで、ニューヨークは電力発電と供給のインフラ改善を急ピッチで進めてきました。

具体的には、二〇一四年からニューヨーク州の公共サービス委員会や、大手電力会社ＣＯＮＥＤ（コン・エディソン）を含むＮＹ市当局が、発電所の一極集中型から地域分散型への転換を検討しました。同時に太陽光や風力などを利用する持続可能な再生電力エネルギーへ転換する計画を推進してきました。

（5）まずは自社ビルを持続可能な風力発電100％に！

ニューヨーク市は過去二度の大停電を経て、分散化した発電所と安全な電力供給のため、特に風力発電の利用を推奨してきました。

エンパイア・ステート・ビル関連会社のビルのすべてが風力発電利用となれば、そのインパクトは大きいです。その後のニューヨーク市・州の各ビルが成功事例として風力発電に移行する動きにも拍車がかかることでしょう。ひいてはその取り組みが全米に広がる可能性もあります。

ちなみにエンパイア・ステート・ビルが一時間に消費する電力量は、五五〇万kW（キロワット）です。これを一か月間に換算すると単純に計算しても、ニューヨーク市の電力使用量は想像を絶する膨大な量となります。

そのような中、地球に優しい環境保護に配慮する再生可能な省エネルギービルを目指し、エンパイア・ステート・リアルティ・トラスト（ESRT）は、五億五〇〇〇万ドル相当をかけて風力発電への改善に着手したのです。

（6）二〇二一年：過去の教訓は生かされているのか？

二〇二一年九月：過去最大級のハリケーン・アイダがアメリカ東部一帯を直撃。地下鉄冠水で停電や死者も。

浸水したニューヨークの地下鉄　Image by Pete Linforth from Pixabay

二〇二一年九月ニューヨークは再度、地球温暖化現象のため過去最大級といわれる巨大なハリケーン・アイダに直撃されました。二〇一二年のハリケーン・サンディから受けた教訓は、生かされていたのでしょうか？

翌朝、ＮＹ中心向け民放ＴＶ放送（WNBC）では「ハリケーン・アイダ襲来から一夜明けた各地の様子を映し出しています。数千軒が停電。各地でレスキュー（救済）活動中です」と報道されました。マンハッタンに建ち並ぶ超高層ビルで使用されているコンクリートは、長年の風雨にさらされており、さらに一度も改築されていないビルやエリアもあり老朽化していることは間違いなく、道路の陥没から地下鉄に流れ込む洪水が、地下浸水を引き起こしています。

築一〇〇年以上の建築物が多い米国東部エリアは再び大停電が起こる可能性が高く、再生可能エネルギーの導入を目指すインフラ整備の対策が急務な課題です。「エンパイア・ステート・ビルが取り組んでいる１００％風力発電転換などリニューアブルエナジーからの発電と蓄電と配電力を目指し、持続可能なシステム化が重要である」と専門家が警告しています。

地球温暖化による気温上昇と、それに伴うハリケーンや山火事について、国連ＩＰＣＣ（気候変動に関する政府間パネル）が二〇二一年八月に公表した報告書でも、グテーレス国連事務総長が地球環境保全について警鐘を鳴らしました。

今後、予測よりも早いスピード（想定三〇年から一〇年への短時間化）で地球気温が上昇するデータ検証が行われており、現在のような気候変動による自然災害が今後も頻発する、特にハリケーンや地震の発生数は二倍以上になると国連環境局は報告書を発表しています。

　エンパイア・ステート・リアルティ・トラスト（ＥＳＲＴ）の壮大な構想と活動を通して、自然エネルギーへの転換は、ビジネスにも有効であることが証明されてきています。

　同社による１００％風力発電の構想とサステナビリティへの取り組みが、今後、成功事例として全米に広がることを期待したいと思います。

出所：エンパイア・ステート・ビル情報から筆者作成
写真：筆者

9．女性の社会進出——CSO（最高サステナビリティ責任者）半数以上が女性　実例⑨ヒューレット・パッカード社や実例⑩ロレアル社

アメリカの二〇二二年ジェンダーギャップ（男女格差）指数は、世界一四六か国中二七位（日本は一一六位）です。

海外の大手企業には部門別に役職名がありますが、会社全体の経営に関する責任者をCEO（最高経営責任者）と呼びます。続いてCOO（最高執行責任者）やCFO（最高財務責任者）、CMO（最高マーケティング責任者）などそれぞれの責任者がいます。

最近では、日本でも一部の企業では導入され始めているCSO（最高サステナビリティ責任者）ですが、欧米企業、特にアメリカ企業において人種の多様性（ダイバーシティ）や女性の社会進出（ジェンダー平等）への意識が高まる中、企業側の取り組みと注目度も高まってきて

います。

ＣＳＯの役職がある会社はロレアル、ギャップ、グッドイヤー、ＡＢインベブ、などです。

(1) CSOの役割

多くの企業が役職にＣＳＯを導入し始めています。そして、ＳＤＧｓ目標を達成するためのＥＳＧ投資カテゴリーのうち「Ｅ」（環境）だけではなく「Ｓ」（社会）への投資インパクトも注目されており、それに伴うＣＳＯの役割の範囲も拡大しています。

主な責務は、企業が提供する商品やサービスが地球環境に与える影響について対処するだけでなく、ジェンダー平等や人種間格差による社会問題の改革支援を行う役割も担っています。

アメリカのサンフランシスコに本部を置くワインレブ・グループ（Weinreb Group）のサステナビリティ人材専門調査チームは、二〇一四

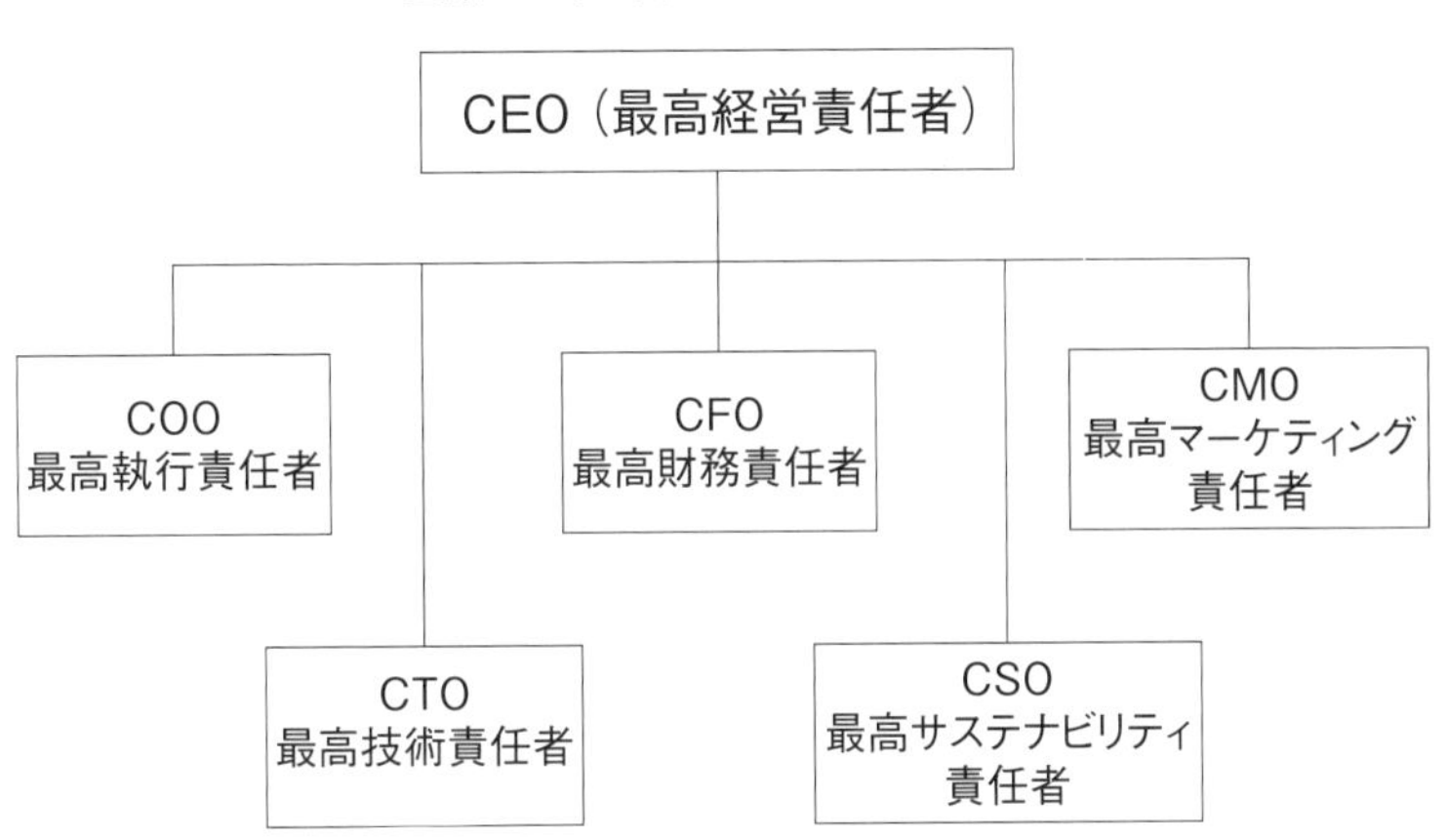

年からCSO（Chief Sustainability Officer：最高サステナビリティ責任者）に関する最新動向をまとめたレポートを公表しています。

二〇二一年のレポートによれば、CSOの責任範囲は、過去一〇年間でさらに大きく変化しており、組織内部のプログラム管理にとどまらず、経営戦略や製品イノベーションの機会の特定、企業内外におけるサステナビリティへの取り組みの指揮など、より企業戦略の要となる役割へと変わってきていると報告されています。

ワインレブ・グループのエレン・ワインレブCEOもまた、「CSOの役割は、ESGや気候変動対策の『E』を超えて、人種を超えたとても複雑な現代社会の課題を認識し、正義や公平性を目指す社会貢献の面で大きな進化を遂げています」と述べています。

（2）女性CSOの採用が広がる

アメリカでは二〇一一年からの一〇年間で、CSOに就いた女性の人数が二倍以上となりました。特にコロナ禍の二〇二〇～二〇二一年にかけて大幅に増加しました。

二〇一一年の24％から続伸しています。同社二〇二一CSOの編集担当者は、「私たちの最新調査でも、アメリカでCSOの肩書きを持つ女性の割合が、二〇一一年の24％から二〇二一年には54％に増えたことが明らかとなっています」と答えており、女性の社会進出が明るいニュースの一つとなっています。

さらにフォーチュン五〇〇の報告によると、二〇二〇年に初めてＣＳＯを採用した企業は三一社にのぼります。

なぜならＣＳＯに就く女性役員は、企業のあり方やサステナブルな社会改善への意識改善に重要な役割を持つことと、社内ジェンダー格差の改善に対しても新たな視点で一助を果たす役割を担っていることが高く評価され始めているからです。

アメリカの二〇二二年のジェンダーギャップ指数ランキングは一四六か国中二七位でした。日本は一一六位でＧ７先進国の中で最下位でした。二〇二二年のジェンダー格差が少ない一位～五位は、アイスランド、フィンランド、ノルウェー、ニュージーランド、スウェーデンです。

同指数では、「ジェンダー間の経済的参加度および機会」「教育達成度」「健康と生存」「政治的エンパワーメント」の四種類の指標を基に格差を算定し、ランク付けされています。

※世界ジェンダー・ギャップ報告書（The Global Gender Gap Report 2022）

アメリカを代表するＩＴ企業ヒューレット・パッカード社、コスメ大手ブランド・ロレアル社のＣＳＯの役職に近年就任した女性役員のサステナビリティ記事を代表例として、以下の通りサマリーにしました。

エレン・ジャコウスキー氏は、アメリカのトップＩＴ企業として知られるＨＰ（ヒューレット・パッカード）社に一三年以上在籍しています。一年前にチーフ・サステナビリティ・オフィサーに就任し、Weinreb Group 2021 CSO List に掲載されました。

エレン氏は、「サステナビリティの最前線で活躍する女性が増えていることは、とても力強いことです。その理由のひとつは、私たちが気候の危機に積極的に立ち向かわなければ、失うものが多いからだと思います」とメディアのインタビューに答えています。

ＨＰ社のＣＳＯになるまでのキャリア形成についてエレン・ジャコウスキー氏はこのように述べています。

「私は大学卒業後、経営コンサルタントになり、クライアントの一つがＨＰ社でした。高校時代の最初の仕事はベン&ジェリーズのアイスクリームすくいでしたが、この会社も創業者が社会的・環境的価値観の先進企業として知られています。

ＨＰ社からサステナビリティ戦略専門家としてＣＳＯ役職のオファーを受けたとき、私は共感し賛同しました。ＨＰ社の理念や価値観に加え、以前よりもさらにパーパス志向へと進化したＨＰ社を誇りに思います」

※**パーパス志向**とは：企業の社会的存在意義を追求する志向。一般的には、目的、目標、趣旨などを意味しますが、ビジネスにおけるパーパスとは、組織や企業の存在理由や存在意義、「何のためにこの会社があり、何を実現するために事業をするのか」を意味します。

近年、気候変動やプラスチックごみ問題、人種差別などさまざまな社会課題に直面している次世代のＺ世代・ミレニアル世代の若者層は、お金を稼いでいるだけの企業ではなく課題を解決して、より社会に貢献するパーパス経営を実践する企業団体を支持しています。ＣＳＯの役割は、企業が存在する意義を見出すパーパス経営とＳＤＧｓ達成を目指します。

二〇二三年六月二〇日、ＨＰ社は第二二回サステナブル・インパクト・レポートを発表し、事業説明をつつみ隠さず発表し、ユーザーや顧客に対するサステナビリティの責任を果たしました（情報の透明性）。

また最近では気候変動、人権、デジタル戦略にまたがる二〇三〇年の目標を発表しました。これは世界で最も持続可能で公正なテクノロジー企業になるために、バックキャスティングからデザインされた新しいＳＤＧｓ市場におけるピボット戦略です。

同社は、ＨＰ社リーダーシップで二〇三〇年までに男女平等を達成することを公約しています。同社ＣＳＯに就いたエレン・ジャコウスキー氏は、「多様性、公平性、包括性の文化に貢献する支援型リーダーであることは、私にとっての優先事項です」と力強いメッセージを送っています。

（補足）ＳＤＧｓピボット戦略＝イノベーションの発端となるべく事業のポジティブ転換を目指すこと。

世界最大の化粧品会社ロレアルグループのロレアルＵＳＡは、二〇二一年一一月より、若手の女性社員マリッサ・パニャーニ・マクガワン氏を北米担当のチーフ・サステナビリティ・オフィサーに任命したことを発表しました。

ロレアルＵＳＡの北米統括ＣＥＯステファン・リンデルクネッシュ社長（当時）は、マリッサ・マクガワン氏の実力を大変評価しており、今後はアメリカ経営委員会や、ロレアル・

グローバル最高企業責任者リーダーシップチームにもその実力を発揮してもらうため登用すると述べています。この役職の責務は、環境の持続可能性、人権、社会的影響、責任あるビジネス慣行、透明性、サプライチェーン全体における多様性、包括性、公平性の育成など広範囲にわたります。

リンデルクネッシュ社長（当時）は、「マリッサは、パートナーシップと集団行動の力に対する情熱をサステナビリティの仕事に注いでいます。彼女は、サステナブルなビジネス・プラットフォームを構築し、ビジネスのあらゆる部分にサステナビリティの原則を落とし込んできた素晴らしい実績を持っています」と高い評価を示しています。

マリッサ・マクガワン氏は、「今後、私たちは美容業界、そしてそれ以外の業界においても、リーダーとして、イノベーションの発端となるべく、事業の完全な転換を目指します。ダイナミックな市場のチャンスに対応できるようなビジネスを準備しながら、地球の社会的・環境的ニーズに応えるために、さらに緊急に行動しなければならないと固く信じています」と力強いメッセージを世界に公表しています。

（3）今後の課題はダイバーシティ

現在、アメリカ企業のCSOの人種比率は依然として白人が占める割合が高く、今後はダイバーシティ（多様化）な対応が課題です。女性やマイノリティー（少数派）への積極的な採用などの改善が求められています。

アメリカ某企業の女性取締役社長は、「二〇二〇年はコロナだけでなく、社会環境や気候変動、広がり続ける政治的分断に注目が集まるなど、数十年の間で最も混沌化した年だった」と述べています。ＣＳＯはこうした社会的課題に対しても、企業としてどう取り組むかを決定し、ビジネスや業界に影響力のある立場となります。逆に課題に対して明確な対応を示さない企業は衰退するとも言われています。

今後、新ＳＤＧｓ市場が生まれる中、グローバル社会における企業の貢献度と存在価値が求められます。ＣＳＯに就任する女性管理職が経営方針に与える影響が、アメリカでいま注目され始めました。

そして、このＣＳＯの重要性は、数年以内に日本にも上陸するでしょう。日本企業においても社内的に取り入れるべき重要な職務になり、二〇二二年のジェンダーギャップ指数が一一六位の日本で、女性の社会進出とこれからの活躍が期待されます。

ニューヨーク市議会では二〇二二年以降、女性議員が五一議席中三一議席を獲得し、史上初で過半数を超えた。企業にも女性役員が増加。

ニューヨークではコロナ以後、女性や有色人種の解雇率が増えました。特に「女性」であるという理由だけで解雇される不平等さは、経済にも大きな打撃を与えました。社会に及ぼす影響が引き金となり、女性が立ち上がり意見を述べ始めたのです。

ニューヨーク市議会ではコロナ後のいま、過半数以上である三一議席を女性議員が占め、多様性（ダイバーシティ）の高い議会に生まれ変わっています。また、アメリカの企業でも女性役員が増えています。女性の議員や女性役員が増えはじめたニューヨーク市議会やアメリカ企業へ市民からの期待は高く、人権とジェンダー平等の動きには今後もさらに拍車がかかるでしょう。

10. 実例⑪パタゴニア――ロゴを衣類から取り外す

〝１００％オーガニックコットン〟でグローバルな展開を目指すパタゴニア、サステナブルに着てもらうため、ロゴを衣類から取り外す方針へ。

世界的にもサステナブルな企業として有名なスポーツ／アウトドアウエアのパタゴニア社も、最初から社員全員がＳＤＧｓに本気だったわけではありません。

今でこそ同社製品は、すべてのコットン製品がオーガニックコットン１００％で作られていますが、一九九〇年代半ばまでは社員の賛同を得られずにいました。

そんなパタゴニアが二〇二一年四月、企業ロゴを製品から外す方針を発表。欧米アパレルブランドの中には、「企業のロゴを付けたユニフ

15 陸の豊かさも守ろう　8 働きがいも経済成長も　12 作る責任使う責任

iStock.com/Sundry Photography

ォーム等のブランド企業として指名を得られるように」と競ってきた企業が多かったのですが、パタゴニアはいち早く、企業のロゴ付き商品の提供を、自主的に廃止すると表明しました。

（1）二〇二一年四月、企業ロゴを製品から外す方針へ

その理由は、ロゴのついた製品やユニフォームは、社員が転職した時に不要となり活用できなくなるからです。他の人が欲しがったりプレゼントしたりする製品でもありません。また週末に会社のロゴのついた衣類を着たいと思う社員はいないでしょう。それによって、パタゴニア製品はクローゼットに放置されたり、ゴミとして破棄されることも想定されます。折角の良質な製品の持続性が短くなり、パタゴニアが誇るサステナブルな製品ではなく、環境にもマイナスになると判断したからです。

パタゴニアのウェブサイト声明文：抄訳

パタゴニアは製品からロゴを外します。その理由は以下の通りです。

パタゴニアでは日々、ビジネスを通して地球環境を保全する方法を模索しています。衣類メーカーとして、永遠ではないにしても、持続可能な長い間使える製品を作ることを目指しています。例えば、一着の服を二年以上使用すると、全体のフットプリント（天然資源の消費使用料）を82％削減できます。また、私たちは何十年も使い続けられる、使用できる製品

を作っていきたいと常に考えています。

今回、私たちがなぜ、ロゴを衣類から外すことを考えたか。それは、取り外せない企業ロゴを衣類に添付すると、左記の多くの理由で衣類の寿命が大幅に短くなるからです。

転職する人が多い昨今、ロゴを衣類に添付すると再販が難しくなります。また、平日は誇りを持って仕事をしていても、週末に自社のロゴ付きの衣類を着たくない人もいるでしょう。その結果として、せっかく私たちのサステナブルな良い衣類が、長年の間クローゼットの中で忘れ去られ、最悪の場合、ゴミ箱に捨てられてしまうのです。

二〇一八年だけでも一一三〇万トンの繊維製品が埋立地に捨てられています。これは自然環境の保護に良いことではありません。

企業ロゴをすべてのパタゴニアの製品から外すと決心したとき、私たちの自社ビジネスの売

上やコストに影響し、会社の利益が犠牲となるかもしれないと考えました。

しかしこれは、私たちの企業理念である「健全な地球環境を守るための持続可能な取り組み」のひとつであり、サステナブルな行動へのあなたに対する呼びかけでもあります。

あなた自身も、パタゴニアの衣類を末永く着ることで、このサステナブルな活動に参加し、さらに地球の持続可能な保全へあなた自身のコミットメントを表明することにもなるのです。

（Website: Group Sales & Logos-Patagonia）

（2）同社のコットン100％への切り替え、SDGs活動は三〇年前からスタート

なぜパタゴニアが、サステナブルな企業として定評があるのか？　それはコットン100％使用が、環境にも消費者にも会社にも、そして自分にも大事なことであると、社員全員が実感したことにさかのぼります。それは三〇年前の一九九〇年代のことでした。

製品の100％に使われている原料のオーガニックコットンは、育てるのが難しく基準をクリアするには膨大なコスト、時間、労力がかかります。

同社の企業理念責任者ビンセント・スタンリー氏は、社員たちをバスに乗せサン・ホアキンバレーにある「オーガニックコットン畑」と「それまで原料として使っていたコットン畑」の両方に連れていき、畑の状態、自然の匂い、そこに生息する動植物を見せ体感してもらいました。社員たちに原料や素材の違いを自分ごととして肌で実感してもらうためでした。

（出典：「地球の危機に、ビジネスはどうあるべきか」ビンセント・スタンリー　パタゴニア企業理念責任者）

その後もコットン１００％に切り替えることに、手間がかかることやコストの高さなどの理由から反対する社員も多かったが、スタンリー氏は諦めずに、ファッションブランドの製品が環境に与える負荷の説明をし続けました。

コットン畑の違いを実感してもらうためにコットン畑への現地視察ツアーを続け、その回数は四八回にのぼりました。

一九九一年：オーガニックコットンへの切り替えを決断。社員の現地ツアーを開始。
一九九四年：製品にオーガニックコットン使用開始。
一九九六年：すべてのコットン製品をオーガニックコットン１００％に切り替え。

社員達は、「バスが従来型のコットン畑に近づいた時、窓を開けなくても有機リン系農薬の臭いがしてきました。畑の土壌に手を入れると、生物は全くいませんでした。化学肥料の使用を三年間やめないと、ミミズは戻ってきません。他の植物も生育していませんでした」と感想を述べました。

バスの旅を経て、「変わることは大変だけれども、『会社は正しいことをやろうとしている』と社員達は理解してくれました」とスタンリー・パタゴニア企業理念責任者は語りました。

（３）自分の事としてサステナブルを実感すること

三〇年も前から、パタゴニアは自社理念として「コストが高くてもオーガニックコットンを使う」と決断、環境に負荷を与える原料を使わないとし、それを全社員にオフィスで説明する方法ではなく、現地の畑や現場そのものを見せる、実感してもらう、自ら考えてもらう方法を優先しました。

二〇一五年にＳＤＧｓが提唱されてまだ一〇年経っていません。

サステナブルな活動は、「自分ごと」と自分自身で思わなければ、会社の上司命令でやらされた感で受動的に動くことになってしまう。それでは良い製品を生産できないと、当時のスタンリー氏は考えました。

パタゴニアのすべての決断は、環境への負荷をなくし、消費者にオーガニックコットン１０

０％の良い製品を届け、そして持続可能な観点から衣類そのものを長く愛し、着てもらうためでした。

その決断は、パタゴニアをサステナブルな企業として成長させました。ＳＤＧｓ認証を保持する世界の企業として、環境保全や消費者の安全にも配慮した、持続可能な製品としても定評を得るようになりました。

（4）企業情報提示としてのつくる責任、消費者としてのつかう責任

ある商品がサステナブルかどうか不明な場合、その原因は、企業側が原料をはじめ、サプライチェーンや製品製造過程を消費者向けにきちんと情報公開していないからです。

ＳＤＧｓ理念には製品をつくる責任として、企業の情報開示（Accountability）と情報透明性の提示（Transparency）の二つがあります。

一方で、消費者には、製品を使う責任、原料やサプライチェーンで問題がないかを購入時にチェックする責任、間違っていたら声をあげてサステナブルな製品を生産するよう求める責任があります。また、その社の製品を購入したあとは、すぐにゴミとして捨てることなく、リサイクルなどサステナブル製品として持続可能な使用を心掛けることなども、それぞれの責任として提示されています。

消費者の間でＳＤＧｓの認知度が上がる中、サステナブルな製品をつくる責任のある企業が、情報の透明性を欠いた場合、同社の製品はサステナブルなものではないと消費者に判断

され、その製品はキャンセル商品となり売れなくなり、企業利益は衰退し消えゆく道をたどることになるでしょう。

ファッション業界のサステナブルな活動は最も注目されている分野でもあり、環境負荷のかからない製品と原料やサプライチェーンの情報開示が求められ、消費者が納得する商品が選ばれるようになってきました。

消費者一人ひとりの意識が、地球環境を守ることにもなります。

創業者イヴォン・シュイナード氏が語る『地球が株主』

環境に配慮した商品を提供するパタゴニアが、二〇二二年下期から新たな事業体制となりました。二〇二二年九月、創業者イヴォン・シュイナード氏が「企業の株主は地球だ」と主張し、企業の利益活動を地球に返還すると宣言したのです。

プレス発表では『五〇年後の地球と企業と人類の繁栄を真に願うなら、今ある資源内でできる循環システムをつくることです。地球は無限ではなく、もう限界を超えている。しかし我々が本気で取り組めば、環境破壊と温暖化に苦しむ地球を救うことができるのです』と強く主張しました。

シュイナード氏は、約三〇億ドルと評価されたパタゴニア企業の全株式を特別トラストと非営利団体に譲渡し、社会貢献企業としてさらに高い評価を得ています。この話題は、欧米企業の間で衝撃的な話題として受け止められており、パタゴニアの製品は、環境に優しく消費者が納得して購入できる商品として信頼を得ています。

11．企業と官民行政・シンクタンク・NPOの連携必須——国連気候変動

気候変動に関する政府間パネルIPCCは二〇二一年八月九日、第六次評価報告書を公表しました。

（1）グテーレス国連事務総長が警鐘！　世界各国で洪水や山火事相次ぐ

二〇四〇年までに地球の気温が1・5度も上昇すると予測されています。これは、従来の予測より一〇年も早いスピードだとIPCCは警告しています。

第六次評価報告書は、最新データから科学的な根拠、自然環境や社会への影響、対策について現状分析し、過去五年の急速な地球温暖化の現象は、人の営みが原因だと明記しました。同報告書は、「一九七〇年以降の地表温度の上昇は、過去二〇〇〇年間における五〇年期間で最も急速なペースで進んでいる」と指摘しています。

グテーレス国連事務総長は、「各国が今、力を結集

気候変動に
具体的な対策を

14

海の豊かさを
守ろう

陸の豊かさも
守ろう

パートナーシップで
目標を達成しよう

すれば、気候変動による環境破壊を回避できるが、報告データが明確に示したように、対応を遅らせる時間も、言い訳をしている余裕もない」と強く警鐘を鳴らしました。

（2）二〇二一年、各国で自然災害が多発

短期間のデータを見ても、大きな自然災害が世界各地で発生しています。

・二〇二一年八月：トルコで山火事
・二〇二一年七月：ロンドンで豪雨、病院浸水
・二〇二一年七月：カリフォルニア山火事
・二〇二一年七月：中国河南省の大洪水
・二〇二一年七月：ヨーロッパ大洪水で一二〇人死亡
・二〇二一年七月：カナダ猛暑で山火事一七〇件以上発生

（3）企業と官民行政・シンクタンク・NPOの連携必須

国連気候変動枠組条約第二六回締約国会議（COP26）が二〇二一年一一月、イギリス・スコットランドのグラスゴーで開催され、近年の気候変動の状況から地球温暖化への更なる対応策が検討されました。

悲観的な状況ながらも環境科学者達は、「二〇三〇年までにCO_2排出量を45%削減できれば事態は改善される余地があるので諦めてはいけない」と述べています。

地球温暖化は緊急かつとても大きな課題であり、もはや官民、一国、一機関のみが個々に対処したのでは、ＣＯ^{2}を50％削減し温暖化を抑え地球気温の上昇を一・五度以下に改善するのは非常に厳しい段階です。

　各国の官民行政、企業、調査機関やＮＰＯ／ＮＧＯとのパートナーシップ（ＳＤＧｓ＃17）、連携対策も必須となるのではないでしょうか。

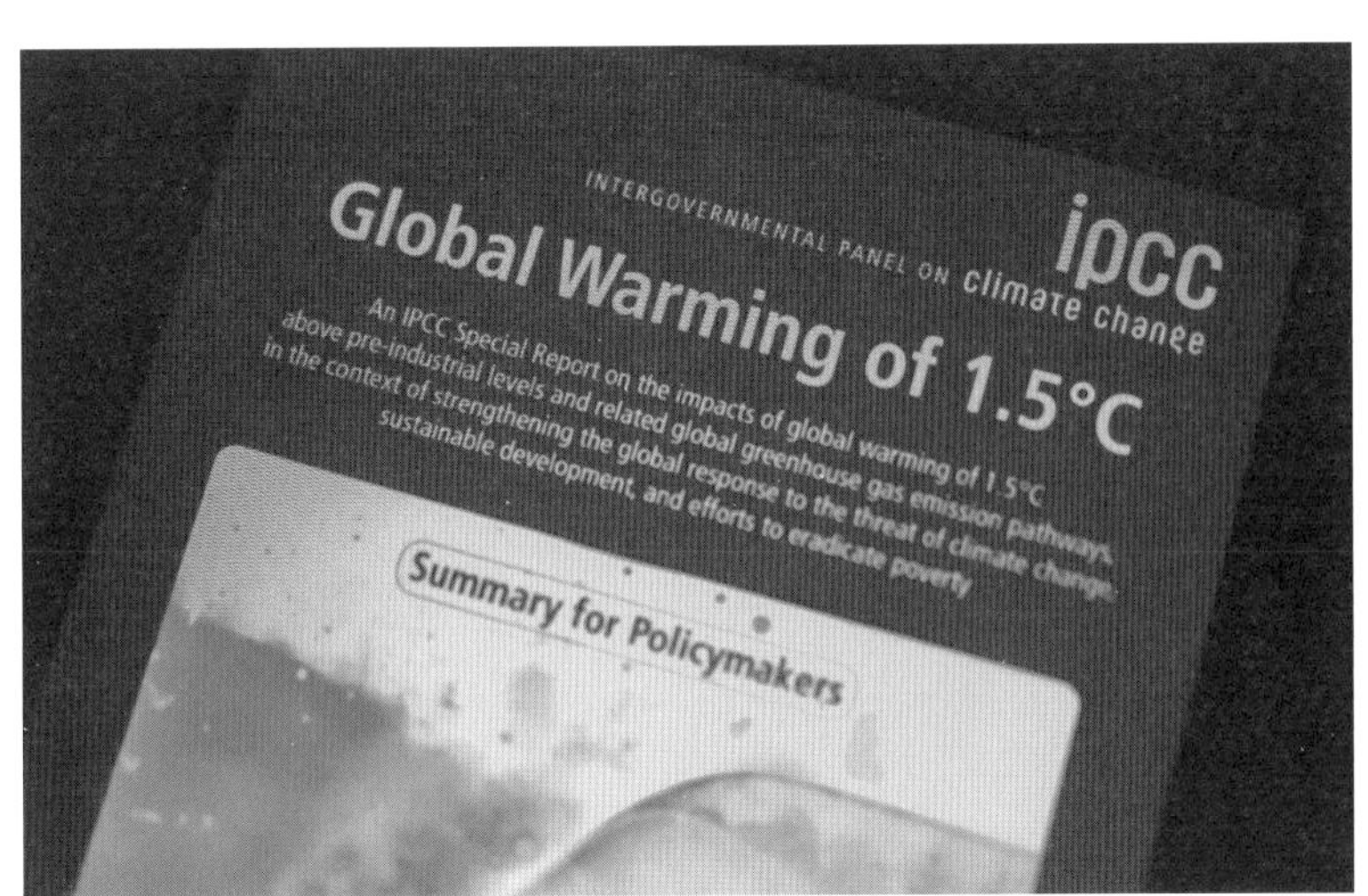

12．実例⑫マイクロソフト――米最大フードバンクとパートナーシップ

（1）アメリカ最大フードバンク「フィーディング・アメリカ」を金融とIT企業が支援

米マイクロソフト社と英HSBCの米国法人HSBC銀行は二〇二一年八月一二日、米国内での貧困対策、失業、経済格差の問題に対処するため、米国最大フードバンク団体「フィーディング・アメリカ（Feeding America）」に助成金とリソースを提供することを発表しました。

フードバンクの支援を受けている貧困層や失業中の人々に、就職のためのスキルアップの機会を提供します。

HSBCが提供する三五万ドル（二年間）の助成金は、フィーディング・アメリカが目標としている新しい労働力開発の拡大を直接支援します。

マイクロソフトは、この取り組みの強化拡大

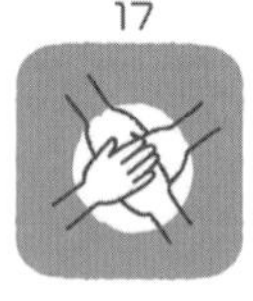

を支援するために、助成金と最も需要のあるスキルと仕事に沿った技能習得のためのオンライン学習を提供します。

(2) プログラムの内容は主に低所得者向け

この取り組みは、貧困者が地元コミュニティで仕事を確保できるよう、フィーディング・アメリカが運営するフードバンクが支援するものです。

具体的には、低所得者が新しいスキルを身につけるための機会を提供。時間、運転資金、資材などへのアクセスを拡大すると同時に、企業が技能者を雇用できるように両者のマッチング支援も行います。

(3) 労働力開発イニシアチブ

有色人種、中等教育を受けていない人、年収が著しく低い人（年収三万ドル以下）は、失業

者の中でも50％以上の割合を占めています。
二〇二〇年八月以降の米国における全失業者のうち、40％がアフリカ系アメリカ人、またはヒスパニック系で、63％が高校以下の教育レベルにとどまり、就職に必要なトレーニングを公平に受けることができないため、フードバンクを利用しています。

フィーディング・アメリカの労働開発イニシアチブは、飢餓の根本的な原因を根絶し、職業賃金の確保を支援することで、食料問題解決と経済安定の促進を目的としています。
また、コンサルティング会社のマッキンゼー（McKinsey & Co.）の協力を得て、効果的な人材育成プログラムに必要な八つの技能分野に絞って技術を提供していきます。

そして、同プログラムの構想は、フィーディング・アメリカが地域のフードバンクから全国的なネットワークへと活動を展開することで、

iStock.com/hapababa

労働支援、他の社会サービスへのアクセス提供、地域パートナーとの連携など経済循環基盤の形成を目指しています。

フードバンクは、より高収入の仕事に生活困窮者が就くために新たなスキルを取得する機会を提供する上で、重要な役割を果たすことになると期待されています。

（４）ＨＳＢＣ：助成金三五万ドル（二年間）

同銀行のコーポレート・サステナビリティ部門責任者のケリー・Ｗ・フィッシャーは、「ＨＳＢＣのグローバル・フィランソロピーの重点が、雇用の可能性の拡大であることを考えると、二〇二一年のこの一年間で、特に米国の女性や有色人種に与えた人種差別の影響を目の当たりにしたことは痛ましい。私たちは、フィーディング・アメリカが育てる人材能力、そしてマイクロソフト社の素晴らしい専門知識を確信しており、このプログラムを一緒に立ち上げることをとても誇りに思う」と述べています。

二〇一二年以来、ＨＳＢＣはフィーディング・アメリカに五五〇万ドルの助成金を提供し、食料不安に対処してきたが、その中でも二〇二〇年以降は子供の飢餓対策プログラムとCOVID-19パンデミックへの対応に重点を置いています。

（５）マイクロソフト：ＩＴ能力スキルアップの機会提供

マイクロソフト・フィランソロピー副社長兼リーダーのケイト・バーンケン氏は、

「COVID-19パンデミックによる経済影響から、何百万人もの人々が徐々に立ち直りつつあります。フィーディング・アメリカとHSBCが連携する新プログラムは、特に十分なサービスを受けていない貧困コミュニティに対し、不安から抜け出すための就職獲得に焦点を当てています」。

さらに、「私たちは、需要の高い仕事やデジタル経済に必要な高度なスキルを、必要とする人達が身につけられるよう同プログラムを提供します」と述べました。

(6) サステナブルな社会再生を目指す三社以上の企業連携型が急増

フィーディング・アメリカの取り組みは、SDGs目標の「貧困飢餓のゼロと食料問題の解決、高度なITスキル教育の提供、そして失業者の就職の機会という支援」を目指しています。

二〇二一年八月、アメリカを代表する「金融とITテクノロジーとNPO法人コミュニティ」の三社が、各業界の特性を生かす協働パートナーシップを組むことで、社会と経済基盤の再生を目指す大きなムーブメントが起きています。

我々は何をすべきか
【ＳＤＧｓ×次世代×企業価値】を考える

第5章では「我々は何をすべきか?」を改めて考えてみましょう。SDGsは、二〇一五年に国連で提唱された世界の共通目標として、少しずつ人々に関心を持たれてきました。特にコロナ以降は、より多くの人々の意識と関心に上がってきています。

認知度の低かった日本でも、二〇二〇年には「SDGsという言葉を聞いたことがある人」が「聞いたことがない人」を上回る結果となりました。

また、SDGsが広く知られるようになるにつれ、「持続可能な」という言葉の代名詞として、「サステナブルな取り組み」「サステナビリティ」の認知度が上がり、SDGsの三分類である環境、社会、経済のあり方として、17の目標が重要視されてきています。

さらにアメリカでは、近年、次世代の若者たちによる社会問題への抗議運動が大きなムーブメントになっています。

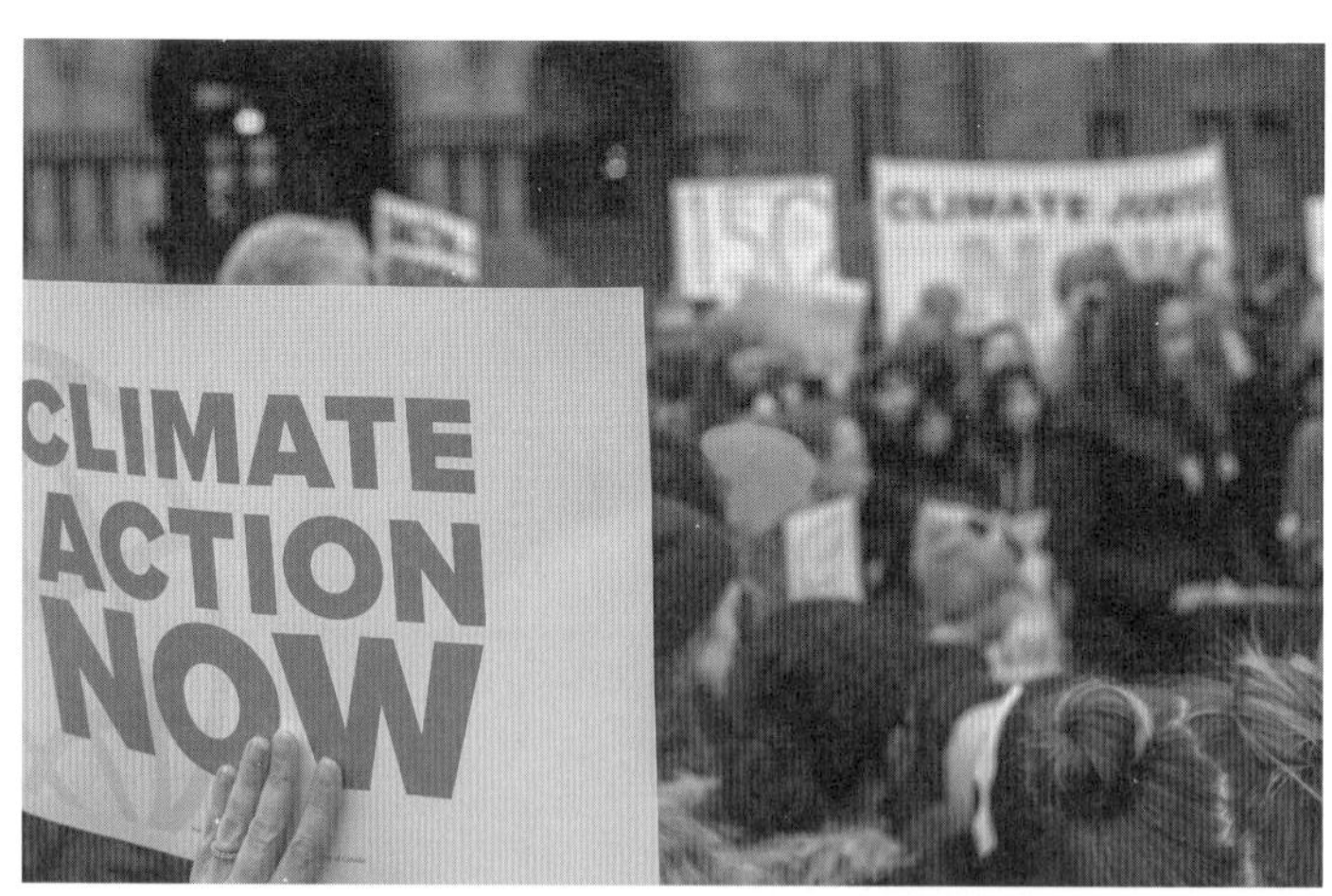

Image by Filmbetrachter from Pixabay

そのきっかけは二〇一九年九月、国連総会で、スウェーデンの環境活動家として知られるグレタ・トゥーンベリさん（当時一五歳）が、地球温暖化と気候変動が環境に及ぼす問題についてスピーチをしたことが大きなピボット転換となりました。

各国の首脳に対し、環境保全を優先すべき政策の転換を訴えたグレタさんの声とアクションに大きく共感した世界の次世代の若者たちが、環境保全の重要性を訴える抗議デモにこぞって参加しました。ニューヨーク市内の学校が、デモに参加した生徒達に支持を表明したことも大きな後押しになりました。

「全米で気候変動デモ開催へ。NY市教育局も生徒のストライキを支持」

国連で二〇一九年九月二三日に開催される気候変動サミット（UN Climate Action Summit）に先駆け、二〇日、全米で大規模な抗議活動が計画されました。ニューヨーク市でも、フォーリー・スクエアからバッテリーパークまでデモ行進が行われました。ニューヨーク市教育局（DOE）は、全公立学校の生徒に対し、両親が許す限り、学校を休んで抗議活動への参加を許可すると発表しました。教育局は、生徒らが気候変動が及ぼす影響について話し合うことを推奨しており、マナーを守って活動に参加し、自ら声を上げることを支持すると述べました。

次世代の若者たちは、環境や社会問題について自分達で解決しなければならないという危機感と強い意識を持っています。

特にZ世代（一九九五年～二〇〇二年生まれの青年層）が持つ環境対策や社会課題への意識や取り組みは、大きなピボット戦略のきっかけになってきています。

この次世代たちは、意識や取り組み、環境や社会への課題、企業ビジネスのあり方に対し「間違っている」ことは「間違っている」と声を上げてアクションを起こしています。欧米企業の経営理念や社会貢献度に注意することで、企業の存在価値に非常に大きな影響を与え始めています。

コロナ（COVID-19）をきっかけにして、ここ数年でさらに次世代の活動は広がってきました。

その一例が、二〇二一年一一月にイギリスのグラスゴーで開催された気候変動サミットとよばれる【国連気候変動枠組条約第二六回締約国会議】（通称ＣＯＰ26）で、次世代の若者たちによって行われた気候マーチ（環境保全への抗議デモ）にも表れています。

アメリカでは二〇一九年の環境デモをきっかけに、次世代の若者たちが、社会の現状が悪化していることに気付き、是正しようと声をあげアクションを起こしました。従来の社会デモと異なるところは、次世代の彼らは、デジタルネイティブと呼ばれる世代であり、コミュニケーションはすべてＳＮＳを通じて連絡し合っています。彼らのソーシャルネットワークにより、抗議デモ活動はものすごいスピードでアメリカ全土に広がりを見せ、社会活動として大きく展開しています。

第3章の図（スライド）で示したように、コロナ（COVID-19）によってアメリカをはじめ世界の潮流に変化が起こり始めた二〇二〇年から、彼らはSNSを通して情報を交換収集していて、ＳＮＳはどの情報網よりも早い武器にもなっています。

そのような次世代特有の意識と動きが、ＳＤＧｓ目標を基軸にした持続可能な社会再生やサステナブルな環境を取り戻すムーブメントを起こし始めています。

サステナブルな社会トレンドや環境課題では、ＳＤＧｓに見合う商品サービスであるか否か、またそのサプライチェーン（製造過程）やサーキュラーエコノミー（循環経済）の仕組みに対しても次世代が厳しい目線でチェックと評価を下しています。

いまや企業ビジネスは、ＳＤＧｓの理念を取り入れなければ、社会貢献に寄与する存在として価値が認められず、いままで売れていた商品やサービスは役に立たない無用の産物となってしまいます。

次世代の彼らは、環境破壊や児童労働を犠牲にして製造されたブランド商品ではなく、持続可能な社会に貢献する企業理念をもつ商品サービスへの共感が強いのです。

1.「SDGs×次世代×企業価値」概念のギャップが大きい二〇二一年

各国政府や企業に向けて次世代が発信しているムーブメントは、次世代×企業価値という点で、まだまだ両者間に大きな意識の差や隔たりがあることは否めません。

次世代の若者たちは、社会の格差を改善しようと声を上げていますが、企業は自社のビジネスにおける利益のみを追求している点でギャップがあります。このギャップを埋めるためには、SDGs17目標を軸にした、次世代の評価目線と企業のビジネス転換が必要なのです。

SDGs目標のゴール設定年は二〇三〇年

二〇三〇年までに、SDGs理念を取り入れ、世代を超えた人々の声にも耳を傾け、各企業が特性を活かして持続可能なパートナーシップを築くことが、SDGs17目標と169のゴール達成に繋がるでしょう。

近年、欧米で主流の考え方として、「SDGsバックキャスティング思考」という概念があります。

これは、企業や人々の生活が二〇三〇年にどうありたいか、あるいは地球環境の望ましい未来の姿やあり方を想定し、その理想の姿から逆算（バックキャスティング）して、いま、何をすべきかを検証し、現時点を起点に二〇三〇年の社会理想にどう近づくか、世代間や業種間を超えたピボット戦略を繰り返すという考え方です。

このバックキャスティング思考で望ましい未来の姿に向かってピボットを繰り返せば、フォアキャスティング思考のみを利用するよりも大きなイノベーションを起こすことができるという利点があります。しかも、環境や社会の望ましい姿との格差も縮まります。

政府は自国の国益を、企業は自社の利益のみを優先してきたことで、環境破壊が進み、社会の構造格差（人権やジェンダー格差、貧困や健康福祉の格差など）を生み出してきました。

ＭＤＧｓ（二〇〇一年から始まったミレニアム開発８目標）の結果、特に途上国で貧困や教育は、大きく改善されましたが、先進国での人権やジェンダー格差が広がったことは大きな失敗でした。ＭＤＧｓで生じた格差を是正するために、二〇一五年に持続可能な開発目標ＳＤＧｓが生まれました。事業の存続を懸念した企業が、ＳＤＧｓのアイコンのみを自社のウェブサイトに表示し、「ＳＤＧｓを促進します」（注：

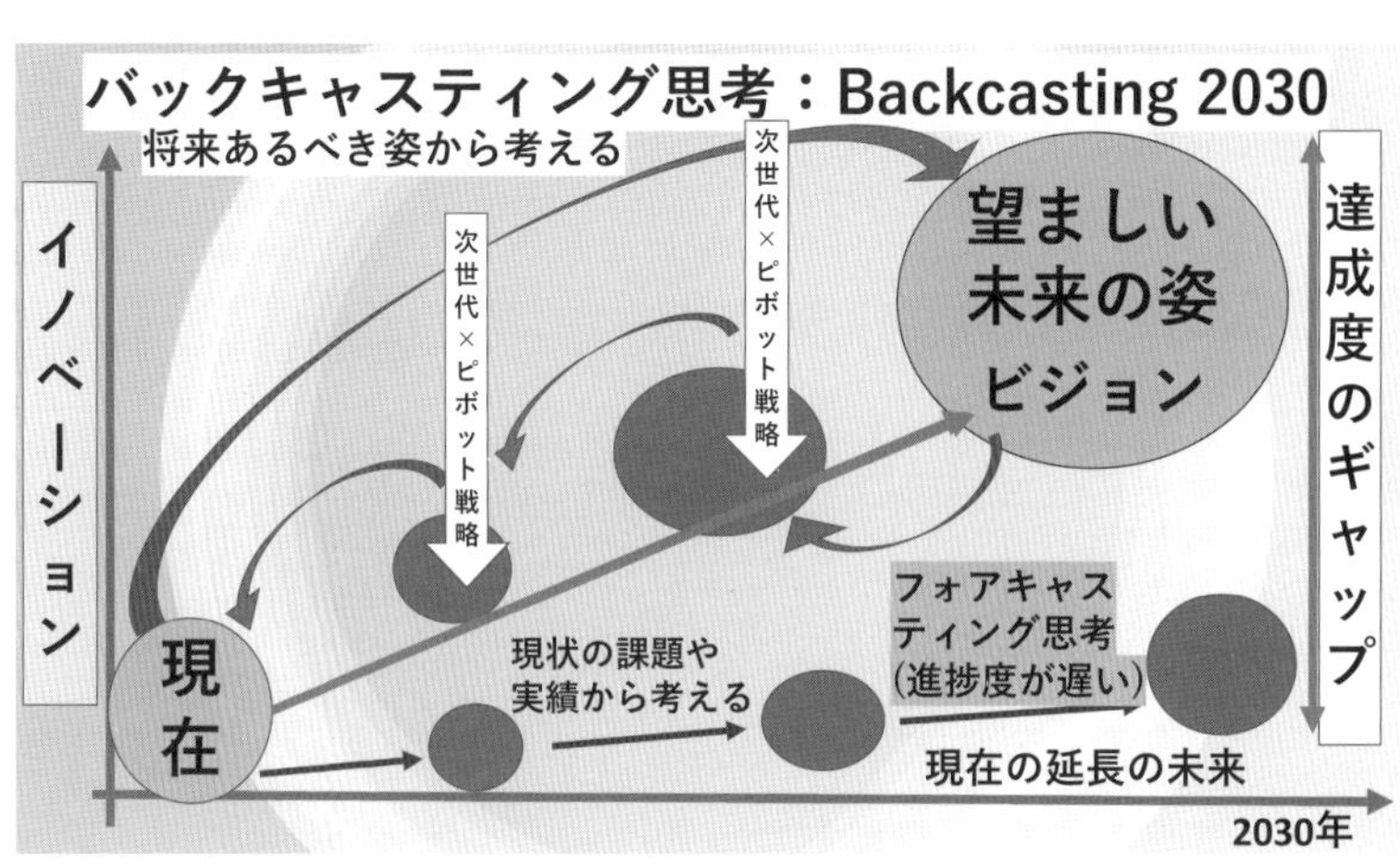

ＳＤＧｓウォッシュ）と謳っている形だけの企業に対して大きな批判が集まっています。

ＳＤＧｓウォッシュとは

ＳＤＧｓウォッシュとは「実態以上に、ＳＤＧｓに取り組んでいるように見せかけること」を指します。ＳＤＧｓウォッシュは、英語で「ごまかし」「粉飾」を表す「ホワイトウォッシュ（whitewash）」と「ＳＤＧｓ」を組み合わせた造語で、同様の「グリーンウォッシュ（greenwash）」という造語が由来だと言われています。

・自社ＨＰなどで「ＳＤＧｓに取り組んでいる」とアピールするものの、取り組み実績を証明することができない。（例：ＳＤＧｓのロゴだけをウェブサイト等で掲げている。自社の事業とＳＤＧｓの17のゴールを関連付けさせただけで終わっている）

・企業にとってマイナスとなる情報を伝えず、都合の良い情報のみを開示している（例：リサイクル原料の使用をＰＲする一方で、サプライチェーン上では人権問題・労働問題を指摘されている）

（出典：「ＳＤＧｓコミュニケーションガイド」「ＳＤＧコンパス」ＳＤＧｓの企業行動指針〈GRI, United Nations Global Compact, WBCSD〉）

日本の現状については、株式会社帝国データバンクが「ＳＤＧｓに関する企業の意識調査」（二〇二一年七月）で、「ＳＤＧｓに積極的な企業が39・7％とされる一方で、ＳＤＧｓに取り組んでいない企業は50・5％。大企業では取り組みが進んでいますが、中小企業では取り組みの遅れが見られます」というデータを発表しました。その後の調査によると二〇二二年には48・9％を記録し、さらに二〇二三年六月には50・4％と上昇し、ＳＤＧｓに積極的な中小企業が初の五割超えとなりました。そのうち69・2％は効果があったと回答しており、売上増に繋がったと述べています。

この結果からも、日本の中小企業がＳＤＧｓを実行し、次世代と協働しながら、新たなピボット戦略を実践し、ＳＤＧｓに則った経営理念を促進することが、日本のグローバルなプレゼンスを上げる一つの鍵となることが分かると思います。

ＳＤＧｓ目標を取り入れて社会貢献を先導するグローバルなリーディング企業となることが、日本の存在意義と企業の価値を上げることに繋がります。

そうすれば、おのずとＳＤＧｓ×次世代×企業価値、三輪の歯車がカチッと噛み合いながら回り始め、企業がポジティブに成長する強い基盤になるでしょう。

2．次世代と企業の現状二〇二一年

サステナブルな17目標を正しく理解する次世代の若者たちが徐々に増えています。国の政治や企業のサービスや商品に対して、「それはサステナブルではない」と声を上げるのが、昨今の抗議デモに現れるＳＤＧｓ運動です。

一方、企業は自社の売上を伸ばすことを優先しますが、加えてサステナブルな社会貢献を追求することが、現代の潮流の中で存在する意義となり、企業価値となります。

そのために、世代や業界、国家を超えたボーダレスなパートナーシップを築くことが最重要課題です。ここに、新たな時代のＳＤＧｓ新市場が生まれるのです。

●次世代のアクションがさらに大きく動いた二〇二一年の気候マーチ（ＣＯＰ26）

従来では「五年かかる」と言われていた世界の地球温暖化現象が、二年も早いスピードで環境破壊として進行し、人間の生活に影響を及ぼしています。それに伴い、次世代も企業も持続可能な社会作り、つまりＳＤＧｓへの意識と関心がさらに高まっています。

二〇二一年のＣＯＰ26気候変動サミット（イギリスのグラスゴー）では、「世界の平均気温の上昇を１・５度に抑えることで各国が一致」「パリ協定のルールブックも完成」という成果となりました。次世代のＳＤＧｓへの意識と企業のＳＤＧｓの意識が嚙み合っていないのが二〇二一年の現状でした。

ここ数年で次第に、次世代の意識と声が企業に及ぼす影響を無視できなくなってきています。

このように考えると、ＳＤＧｓ17目標の中で、一七番目のパートナーシップがもっとも重要な概念であり目標であることが分かります。

第４章で示した欧米の事例の中で、最も目立っているのは、サステナブルな概念ＳＤＧｓと次世代の動きに即して企業・ＮＰＯ・行政など、最低でも三つの異なる業界が協力していることです。アメリカにおける動きは、その三つ以上の業界が環境や社会の現状を改善しようと事業の方向転換＝ピボット戦略を行っているのです。

いまの時代、一国の政府、一企業、一ＮＰＯ法人、調査機関など専門機関が単独で挑んでも、改善できないところまで人間の営みと生活は追い込まれつつあります。

そのことに気付いている次世代（Ｚ世代やミレニアル世代）、デジタルネイティブのチカラとスピードを世代間で認め合いながら、企業はさらに斬新なバックキャスティング思考をきたえて、企業が新たなＳＤＧｓに繋がる社会再生のためにピボット戦略を繰り返していくことが最重要課題であると思います。

次世代が率先して活動しているもう一つの事例を紹介します。

健康と動物愛護、自然環境保護に意識の高いニューヨークの若者たちが、肉を食べない月曜日「ミートフリーマンデー」活動をしています。

※ミートフリーマンデー（Meat Free Monday）とは？

元ザ・ビートルズのポール・マッカートニーとその娘ステラ・マッカートニーが地球環境保護などを目的として始めた活動で、その名の通り「週に一度、月曜日だけでも肉を食べるのをやめましょう」という活動です。

※イギリスでは、二〇二〇年五月上旬、英国土壌協会が教育省に対し「週に一度は肉なしデーを作り、植物由来のタンパク質や食材のみを使用した給食メニューを提供することを、すべての公立学校

に義務づける」よう提言しました。

※スウェーデンの環境活動家グレタ・トゥーンベリさんが高校時代に主導した、気候変動に対する学校ストライキ運動（School Strike for Climate Change）に参加する学生が増えていることも関係しているようです。

※アメリカのカリフォルニア州では、すでに学校給食における植物由来製品の割合を増やすよう法整備が進んでいます。

※欧米ではベジタリアンが多いことからもわかるように、ミートフリーの活動は非常に進んでいます。（出典：https://ecotaroo.net/meat-free-monday）

鶏や豚に強制的にエサを食べさせる残虐な映像がＳＮＳで流れたあと、ショックを受けた若い世代は、肉を食べず野菜を愛好するベジタリアンやビーガンに転じる人が増えました。

※ベジタリアンとは、「菜食主義者。肉や魚などの動物性食品を摂らず、野菜・芋類・豆類など植物性食品を中心にとる人」。

※ビーガンとは、「肉類に加え卵・乳製品なども一切食べないピュアベジタリアン、植物性食品と卵を食べるオボベジタリアン、植物性食品と乳製品を食べるラクトベジタリアンなどのタイプに分かれる」。

3．まとめ

デジタルネイティブ世代の一〇代～三〇代（Z世代～ミレニアル世代）が、ＳＤＧｓ意識をさらに高め、企業ビジネスに対して声を上げることにより、アメリカ社会の人種間格差や地球環境への配慮が急速なスピードで変化し続けています。

アメリカでは、「従来的なやり方では持続可能な社会貢献が不可能になる」と判断した企業が、さまざまなＳＤＧｓを基軸としたピボット戦略を打ち出し始めています。

その上で、健全な企業ビジネスの促進として重要なことは、以下が挙げられます。

・企業の経営理念情報や商品サプライチェーン情報をすべて開示する説明責任
・人権問題や環境問題に取り組む社会への貢献責任
・企業のビジネス活動が透明性を持つこと

企業戦略を公開し実証してゆかなければ、企業としての存在価値や事業展開は立ち行かなくなり、次第に商品は見向きもされなくなり、消えゆく運命となるでしょう。今後三年でさらに事業が停滞し、立ち行かなくなる企業が増えると予測されます。逆に、次世代や各業界とパートナーシップを組んでＳＤＧｓ目標を企業の経営戦略にしっかり反映させ、誰でも分かる明確でサステナブルなピボット戦略を打ち出し、商品やサプライチェーンを公開説明していく企業は、優良ビジネス企業として認められ、社会での存在価値が高まると共に成長発展していくでしょう。

アクションを起こすのに時期が遅いということはありません。

すべての人を幸せにする「ＳＤＧｓ×次世代×企業価値」
Act & Find Something（行動すれば何かが見つかる）

4．診断テスト

ＳＤＧｓの取り組みを自己診断してみましょう！
あなたご自身、またはあなたの会社はどの目標に近いのか、取り組み度を自己診断してみましょう。

次ページからの各質問に、

「3：とてもよく取り組めている」
「2：取り組めている」
「1：あまり取り組めていない」
「0：全く取り組んでいない」

の四段階でお答えください。分からない場合は直観で答えても結構です。
では、質問にチャレンジしてみてください！　全部で七三問あります。

SDGs目標	質　　問	3 ◎	2 ○	1 △	0 ×
1 貧困をなくそう	1　自社の事業は、貧困問題の解消に関わっている。				
	2　社会貢献として、貧困問題をなくす取り組みを行っている				
	3　会社の事業として、貧困対策に向き合い活動している				
2 飢餓をゼロに	1　自社の事業は、飢餓問題の解消に関わっている				
	2　社会貢献として、飢餓問題を解消する取り組みを行っている				
	3　子供・妊婦・高齢者の栄養摂取を支援する取り組みを行っている				
	4　農業生産者の生産性や所得の向上に役立つ取り組みをしている				
	5　食料の輸出入など広く流通させる活動をしている				
3 すべての人に健康と福祉を	1　事業内容は、健康や福祉に関わっている				
	2　社会貢献活動として、健康や福祉の問題解決に取り組んでいる				
	3　ヨガや瞑想・健康維持に役立つ取り組みを行っている				
	4　薬物やお酒類の過度な摂取を防止する取り組みを行っている				
	5　感染症予防に対して適切な措置を取っている				
4 質の高い教育をみんなに	1　事業内容は、教育の振興や生涯学習の推進に関わっている				
	2　社会貢献として教育の振興や生涯学習の推進に取り組んでいる				
	3　階層別や職種別など従業員教育を計画的に実施している				
	4　SDGsを理解する勉強会などを積極的に開催し社員も自分も理解するように取り組んでいる				
5 ジェンダー平等を実現しよう	1　社会貢献として、男女平等の推進に取り組んでいる				
	2　女性の採用比率を高める計画を立て、対策に取り組んでいる				
	3　女性の管理職や役員比率を高める計画・対策に取り組んでいる				
	4　出産育児に関する子育て支援が充実、支援制度の利用率も高い				
	5　育児や介護、家事労働への男性参加を推進している				
6 安全な水とトイレを世界中に	1　事業内容は、水や衛生問題の解決に関わっている				
	2　社会貢献活動として、水資源の保全に取り組んでいる				
	3　節水を計画的に行っている				
	4　水質汚染防止のため、計画的に適切な排水処理を行っている				
7 エネルギーをみんなにそしてクリーンに	1　環境負荷の低いクリーンエネルギーの活用に関わっている				
	2　クリーンエネルギーの普及など社会貢献に取り組んでいる				
	3　エネルギーの効率化や省エネ対策に取り組んでいる				
	4　再生可能エネルギーや環境負荷の低いクリーンエネルギーを利用している				
8 働きがいも経済成長も	1　経済成長や雇用創出、働きがいのある職場実現に関わっている				
	2　若者や障がい者・男性女性の同一労働同一賃金の実現に取り組んでいる				
	3　経済生産性を向上すべく業務の改善や見直しに取り組んでいる				
	4　若年層や高齢者の雇用推進に取り組んでいる				
	5　事業拡大・人員採用を増やす雇用機会の創出に取り組んでいる				
	6　過度な残業や休日出勤がなく、有給休暇の消化率が高い、働きやすい職場環境を提供している				

	7 安全・衛生的に仕事ができる仕事環境や対策に取り組んでいる				
	8 セクハラやパワハラなどの防止に取り組んでいる				
9 産業と技術革新の基盤をつくろう	1 国内外を問わず、産業化の促進に役立っている				
	2 産業分野・科学研究の促進や技術能力向上に関わっている				
	3 資源利用の効率向上や環境に配慮した技術の導入を図っている				
	4 研究開発を重視、イノベーションを推奨する計画に予算を支出している				
	5 研究開発部門の人的増強を図っている				
10 人や国の不平等をなくそう	1 事業内容は、不平等の解消に関わっている				
	2 社会貢献活動として、不平等の解消に取り組んでいる				
	3 採用時に年齢、性別、障がい、学歴、人種、国籍、宗教などで差別を行っていない				
	4 外国人労働者に適切な労働条件や環境を提供している				
11 住み続けられるまちづくりを	1 持続可能な都市や再開発、住宅の提供などに関わっている				
	2 地域の自然環境保護及び保全活動の社会貢献をしている				
	3 大気汚染物質の排出量削減、大気汚染の防止に取り組んでいる				
	4 社員に防災グッズを配布するなど防災対策を行っている				
12 作る責任 使う責任	1 資源の再利用や廃棄物の削減の社会貢献を支援している				
	2 資源の再利用を推進し、廃棄物の削減に取り組んでいる				
	3 パッケージを簡易にするなど、省資源に取り組んでいる				
	4 人や環境への悪影響を最小化すべく、化学物質の廃棄削減に取り組んでいる				
	5 グリーン調達（環境負荷が少ない商品を優先）を行っている				
13 気候変動に具体的な対策を	1 気候関連災害や自然災害へのリスク軽減に関わっている				
	2 気候変動リスクに対する啓発など社会貢献に取り組んでいる				
	3 温室効果ガス（二酸化炭素、メタン、フロン）排出の削減計画を立て、対策に取り組んでいる				
	4 環境に関する従業員教育を行っている				
14 海の豊かさを守ろう	1 海洋資源の保全や海洋汚染の改善に関わっている				
	2 海洋資源の保全や海洋汚染の改善に取り組んでいる				
	3 プラスチックのゴミ廃棄物をゼロにする対策に取り組んでいる				
15 陸の豊かさも守ろう	1 森林、湿地、山地、乾燥地の保全や回復などに関わっている				
	2 プラスチックのゴミ廃棄物をゼロにする社会貢献対策に取り組んでいる				
	3 FSC 認証品や再生紙など環境に配慮した製品を優先的に採用				
16 平和と公正をすべての人に	1 社会貢献活動として、暴力や犯罪の減少などに協力をしている				
	2 贈賄を戒め、公正な取引を行うよう体制を整えている				
	3 暴力行為を禁止し、再発防止策も設けている				
	4 反社会的勢力との関わりを持っていない				
17 パートナーシップで目標を達成しよう	1 産官学連携など他者との連携を推進することに関わっている				
	2 様々な企業や公的機関や学術大学や研究機関などとパートナーシップで良好な協力関係を構築している				
	3 地域社会と良好な協力関係を構築している				

自己診断はいかがでしたでしょうか？　より良い気づきがありましたか？

３、２、１、０の数はどのぐらいありましたでしょうか？

３の回答数の合計が「70％を超えて（五二問以上）」いれば、ＳＤＧｓをよく理解し取り組んでいるといえるでしょう。

２と１の回答数の合計が、「50％以上（三七問以上）」あれば、理解しているが、もう少し努力が必要でしょう。

０の回答数の合計が「50％以上（三七問以上）」あれば、ＳＤＧｓをよく勉強し今後はしっかり取り組むようにしてみましょう。

【SDGs × 次世代 × 企業価値】すべては繋がっている

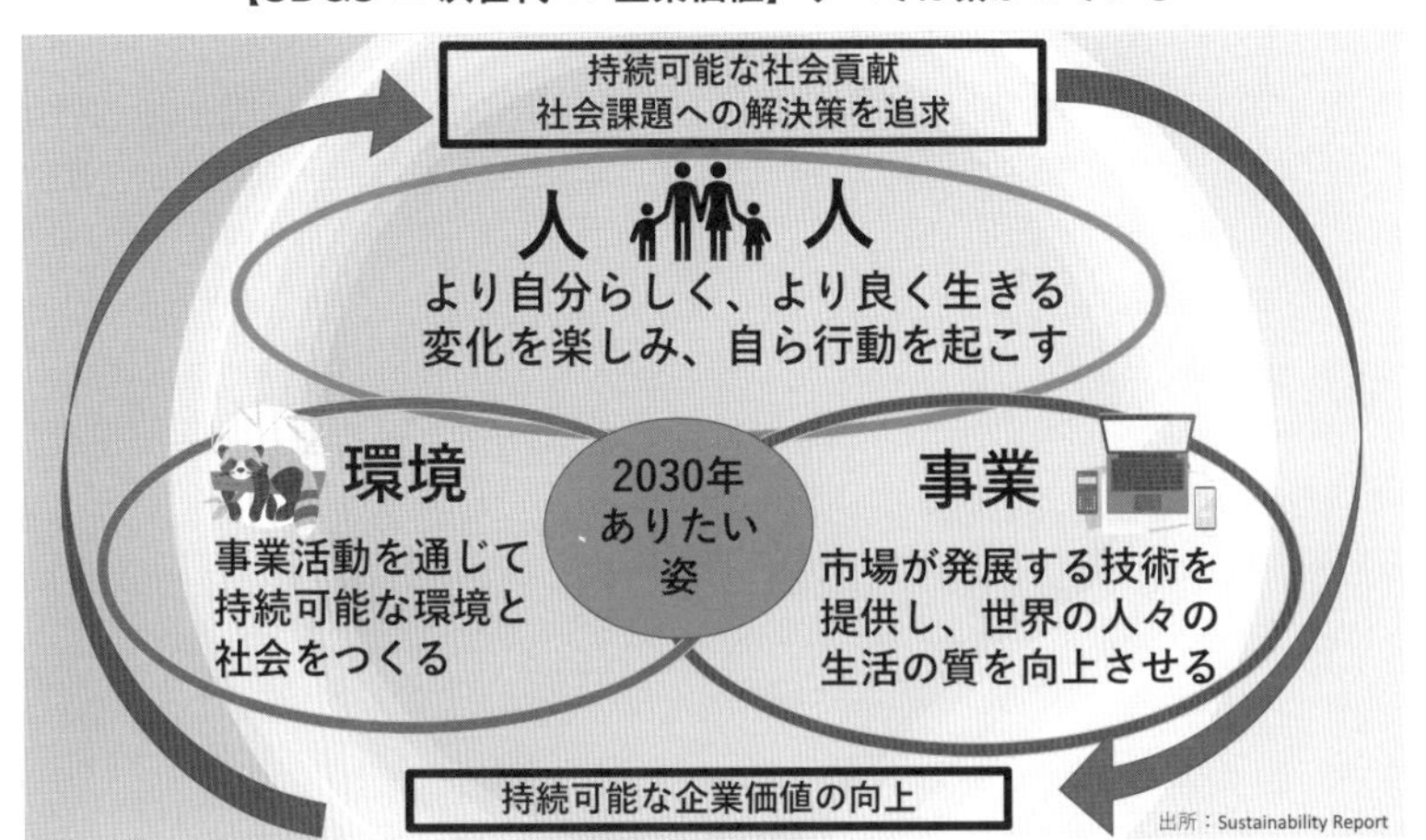
持続可能な社会貢献
社会課題への解決策を追求
人　人
より自分らしく、より良く生きる
変化を楽しみ、自ら行動を起こす
環境
事業活動を通じて
持続可能な環境と
社会をつくる
2030年
ありたい
姿
事業
市場が発展する技術を
提供し、世界の人々の
生活の質を向上させる
持続可能な企業価値の向上
出所：Sustainability Report

参考資料　SDGs 各17目標とターゲット指標

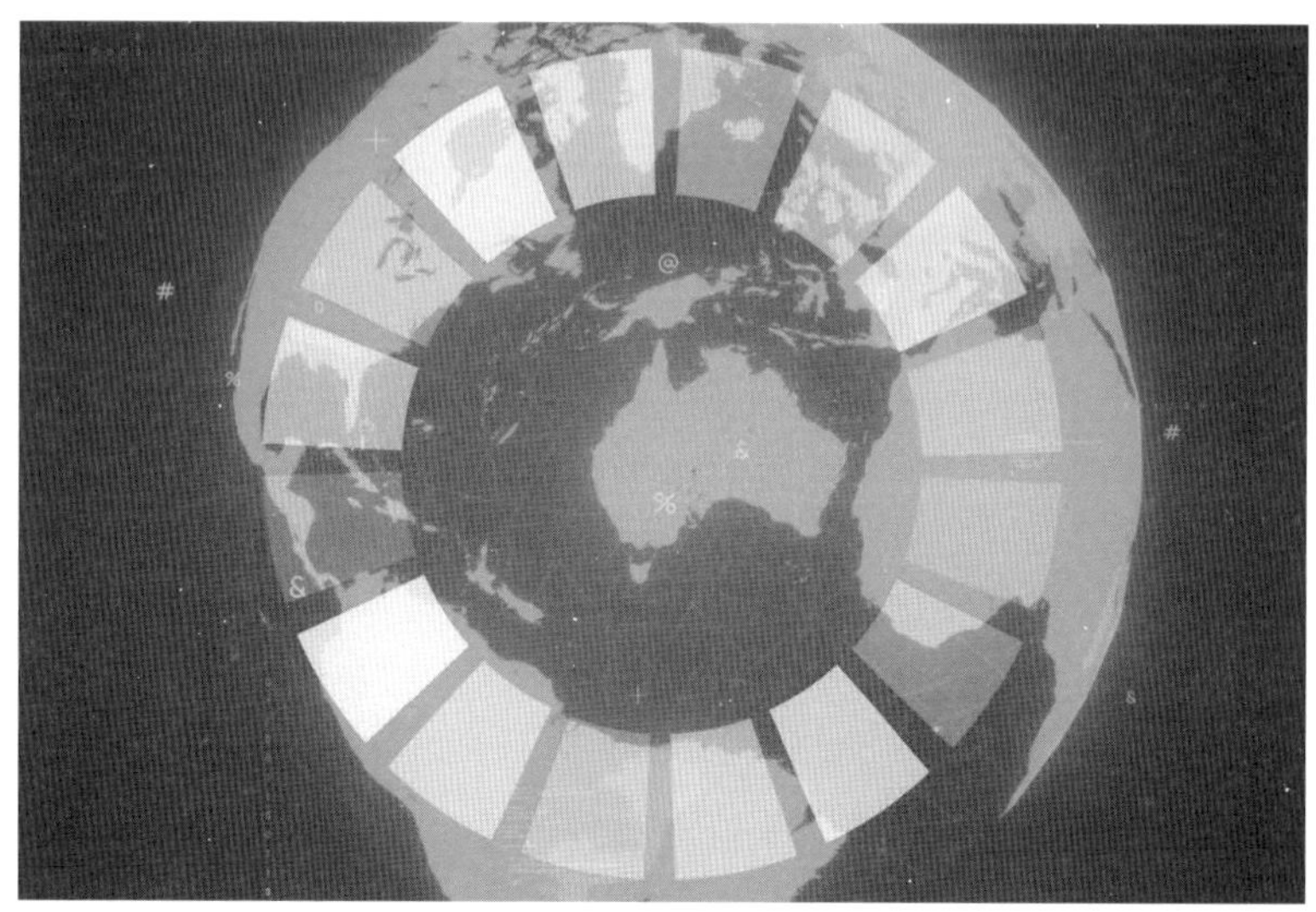

本ページでは、参考資料として各SDGs17目標に明記されているターゲット指標を抽出し抄訳しました。　　　　　　（2020年報告書・国連統計局）

オリジナル情報 https://unstats.un.org/sdgs/indicators/indicators-list/
出所：国連統計局 United Nations Statistics Division

あらゆる場所のあらゆる形態の貧困を終わらせる

■直面している主な課題・問題

- ●全世界で2030年までに貧困に終止符を打つ目途は立っていなかった。
- ●新型コロナウイルス感染症（COVID-19）により、世界の貧困はこの数十年で初めて増加。2020年には、7100万人が極度の貧困へと追いやられた。
- ●若年労働者が極度の貧困に陥る確率は、成人労働者の２倍に。(2019)
- ●2016年の時点で40億人が社会保障も受けられておらず、その数はコロナで悪化した。

■ターゲット

1.1	2030 年までに、あらゆる場所ですべての人々の極度の貧困を根絶する。（現在、1 日 1.25 ドル未満で暮らす人々と定義されている極度貧困層）
1.2	2030 年までに、あらゆる年齢層の男性、女性、子どものうち、国の定義に基づくあらゆる形態の貧困状態にある人の割合を少なくとも半減させる。
1.3	すべての人のための国家的に適切な社会保障制度と対策を実施し、2030 年までに貧困層と社会的弱者への実質的な適用を達成する。
1.4	2030 年までに、すべての男女、特に貧困層と社会的弱者が、経済資源、基本的サービス、土地やその他の財産、相続、天然資源、適切な新技術、マイクロファイナンスを含む金融サービスへのアクセスに平等な権利を有することを確保する。
1.5	2030 年までに、貧困層と脆弱な立場にある人々の回復力を高め、気候変動、異常気象、その他の経済・社会・環境の衝撃や災害に対する露出と脆弱性を軽減する。

iStock.com/TAK

飢餓に終止符を打ち、食料の安定確保と栄養状態の改善を達成するとともに、持続可能な農薬を推進する

■直面している主な課題・問題

- ●食料不安はすでに増大。中程度または深刻な食料不安をかかえる人口の割合22.4％（2014）⇒25.9％（2019）
- ●コロナ禍は、食料システムに対する新たな脅威となった。
- ●子供の発育不良と消耗性疾患がさらに悪化する可能性が大。
  発育不良５歳未満児21.3％／消耗性疾患を抱えた５歳未満児6.9％（2019）
- ●食料生産者は、コロナの蔓延で大きな打撃を受けた。（開発途上国で40-85％を占める）

■ターゲット

2.1	2030 年までに、飢餓をなくし、すべての人々、特に貧困層と乳幼児を含む脆弱な状況にある人々が、安全で栄養価が高く十分な食糧を一年中入手できるようにする。
2.2	2025 年までに、5 歳未満の子どもの発育阻害と消耗に関する国際的に合意された目標を達成し、2030 年までに、思春期の少女、妊娠中および授乳中の女性、高齢者の栄養ニーズに対応することを含め、あらゆる形態の栄養不良を終わらせる。
2.3	2030 年までに、小規模食料生産者、特に女性、先住民、家族経営農家、牧畜民、漁師の農業生産性と所得を倍増させる。これには、土地、その他の生産資源と投入物、知識、金融サービス、市場、付加価値と非農業雇用の機会への確実かつ平等なアクセス権が含まれる。
2.4	2030 年までに、持続可能な食料生産システムを確保し、生産性と生産量を高める。生態系の維持、気候変動、異常気象、干ばつ、洪水、その他の災害に対する適応能力を強化し、土地・土壌の質を向上させる、強靱な農業の慣行を実施する。
2.5	国家、地域、国際レベルで健全に管理された多様な種子・植物バンクを含め、種子、栽培植物、家畜、関連野生種の遺伝的多様性を維持し、遺伝資源と伝統知識の利用と利益へのアクセス、公平・公正な配分を国際合意に従って促進する。

あらゆる年齢のすべての人々の健康的な生活を確保し、福祉を推進する

■直面している主な課題・問題

- 新型コロナウイルス感染症以前は、多くの保険分野で制度改革の前進がみられたもののCOVID-19で進捗が後退した。改善が必要。
- 新型コロナウイルス感染症の影響下、医療混乱で数十年間の進歩が逆戻りした。2020年の5歳未満の死亡者が数十万人増える可能性も。
- コロナ禍によりおよそ70か国で子供の予防接種プログラムが中断した。
- 感染症の症状と死者は急増した。サハラ以南アフリカで医療サービスも中止となり、今後さらにマラリア死者が100%増大する可能性。

■ターゲット

3.1	2030年までに、世界の妊産婦死亡率を出生10万人当たり70人未満に減少させる。
3.2	2030年までに、新生児と5歳未満児の予防可能な死亡をなくし、すべての国が、新生児死亡率を少なくとも出生1000人当たり12人以下に、5歳未満児死亡率を少なくとも出生1000人当たり25人以下に減少させることを目標とする。
3.3	2030年までに、エイズ、結核、マラリア、顧みられない熱帯病の流行を終息させ、肝炎、水系感染症、その他の伝染病と闘う。
3.4	2030年までに、予防と治療を通じて非伝染性疾患による早期死亡を3分の1減少させ、精神衛生と幸福を増進する。
3.5	麻薬乱用やアルコールの有害な使用を含む物質乱用の予防と治療を強化する。
3.6	交通事故による世界の死傷者数を半減させる。
3.7	2030年までに、家族計画、情報、教育、国家戦略プログラムへのリプロダクティブ・ヘルスの統合、性と生殖に関するヘルスケア・サービスへの普遍的アクセスを確保する。
3.8	経済的なリスク保護、質の高いヘルスケア･サービスへのアクセスが必須。安全で有効で、高品質で安価な必須医薬品と、ワクチンへのアクセスを含むユニバーサル・ヘルス・カバレッジをすべての人が享受できるようにする。
3.9	2030年までに、有害な化学物質や大気・水・土壌の汚染・公害による死亡者数および疾病数を大幅に減少させる。

すべての人々に包摂的かつ公平で質の高い教育を提供し、生涯学習の機会を促進する

■直面している主な課題・問題

- 新型コロナウイルス感染症以前は、包摂的で公平な質の高い教育促進は不十分だった。現状、2030年になっても学校に通えない子供達は2億人以上になると推測。
- 新型コロナウイルス感染症の影響で、90％の児童・生徒は休校により学校に通えず、教育分野での数年分の前進が帳消しとなった。
- 教育面の不平等は、新型コロナウイルス感染症によってさらに拡大した。最富裕層20％の世帯で79％、最貧層20％の世帯で34％。
- 現状、少なくとも5億人の児童・生徒は依然としてオンライン学習を受けられていない。

■ターゲット

4.1	2030 年までに、すべての女子と男子が、適切で効果的な学習成果をもたらす無償で公平な質の高い初等・中等教育を修了することを確保する。
4.2	2030 年までに、すべての女子と男子が質の高い幼児教育、保育、就学前教育を受けられるようにし、初等教育への準備ができるようにする。
4.3	2030 年までに、すべての男女が、大学を含む技術・職業・高等教育への安価で質の高いアクセスを確保する。
4.4	2030 年までに、雇用、ディーセント・ジョブ（働きがいのある人間らしい仕事）、起業のための技術・職業スキルや能力を有する若者と成人の数を大幅に増加させる。
4.5	2030 年までに、教育における男女格差をなくし、障害者、先住民、脆弱な状況にある子どもなど、弱者に対して、あらゆるレベルの教育および職業訓練への平等なアクセスを確保する。
4.6	2030 年までに、すべての青少年と成人のかなりの割合が、男女を問わず、識字能力と計算能力を身につけることを確保する。
4.7	2030 年までに、すべての学習者が、持続可能な開発と持続可能なライフスタイルのための教育、人権、男女平等、平和と非暴力の文化の促進、地球市民、文化の多様性と持続可能な開発への文化の貢献の認識などを通じて、持続可能な開発の促進に必要な知識と技能を習得できるようにする。

ジェンダーの平等を達成し、すべての女性と女児のエンパワーメントを図る

■直面している主な課題・問題

- 新型コロナウイルス感染症以前は、改善は見られるものの全面的なジェンダーの平等には依然として到達していない。
- 新型コロナウイルス感染症の影響として、都市封鎖（ロックダウン）で女性・女児に対する暴力リスク増大（身体・性的・精神的）。家庭内暴力の件数が30%増大している国もあり。
- 女性が政治家に占める割合は、国会議員の25%、地方議員の36%。(2020)
- コロナウイルス対策で女性は最前線に。医療従事者とソーシャルワーカーに女性が占める割合は70%になった。
- コロナ禍で、女性が家庭で強いられる負担は増大した。

■ターゲット

5.1	すべての場所における、すべての女性と女児に対するあらゆる形態の差別を撤廃する。
5.2	人身売買、性的搾取およびその他の搾取を含む、公的および私的な領域におけるすべての女性および女児に対するあらゆる形態の暴力を撤廃する。
5.3	児童婚、早婚、強制結婚、女性性器切除などのあらゆる有害な慣行を撤廃する。
5.4	公的サービス、インフラ、社会保護政策の提供、および、全国的に適切な家庭内・家族内の共有責任の促進を通じて、無償の介護と家事労働を認識し価値を認める。
5.5	政治、経済、公的生活のあらゆるレベルの意思決定において、女性の完全かつ効果的な参加とリーダーシップの機会均等を確保する。
5.6	「国際人口開発会議行動計画」及び「北京行動綱領」並びにそれらの検討会議の成果文書に従って合意された、性と生殖に関する健康及び生殖に関する権利への普遍的アクセスを確保する。

すべての人々に水と衛生へのアクセスと持続可能な管理を確保する

■直面している主な課題・問題

●新型コロナウイルス感染症以前は、前進は見られるが、数十億人は依然として水と衛生サービスを受けられていない。

・22億人は安全に管理された飲料水を利用できていない。(2017)

・42億人は安全に管理された衛生施設を利用できていない。(2017)

●新型コロナウイルス感染症の影響として、全世界30億人が手洗いをする設備が自宅にない⇒コロナ感染症の予防手段がない。

●全世界の医療施設の５か所中２か所には、石鹼も水もアルコールなどの手指消毒剤もない。(2016)

●水不足により、2030年までに７億人が住む場所を追われる恐れがある。

●国によっては、水と衛生に関するターゲット達成に必要な資金の61％が不足している。

■ターゲット

6.1	2030 年までに、安全かつ安価な飲料水への普遍的かつ公平なアクセスをすべての人に実現する。
6.2	2030 年までに、女性と女児及び脆弱な立場にある人々のニーズに特別な注意を払い、全ての人々のための適切かつ公平な衛生設備へのアクセスと屋外排泄の廃止を達成する。
6.3	2030 年までに、汚染を削減し、投棄を排除し、有害な化学物質や材料の放出を最小限に抑え、未処理の廃水の割合を半減し、世界的にリサイクルと安全な再利用を大幅に増やすことにより、水質を改善する。
6.4	2030 年までに、水不足に対処し、水不足に苦しむ人々の数を大幅に削減するために、全てのセクターにおいて水の利用効率を大幅に高め、淡水の持続可能な取水と供給を確保する。
6.5	2030 年までに、適切な場合には越境協力によるものを含め、あらゆるレベルで統合水資源管理を実施する。
6.6	常時にわたり、山、森林、湿地、河川、帯水層、湖沼を含む水に関連する生態系を保護し、回復させる

すべての人々に手ごろで信頼でき、持続可能かつ近代的なエネルギーへのアクセスを確保する

■直面している主な課題・問題

●現在７億8900万人以上が電力を利用できていない。

●手頃で信頼できるエネルギーは必須で特に医療施設に不可欠である。途上国では４か所のうち１か所に電気が通じていない国もある。(2018)

●再生可能エネルギーへの取り組みをさらに強化することが必要。
17%＝エネルギー消費量全体に占める再生可能エネルギーの割合。(2017)

●エネルギー効果改善率は、目標としている３%に達していない＝1.7%。(2017)

■ターゲット

7.1	2030年までに、安価で信頼できる近代的なエネルギー・サービスへの普遍的なアクセスを確保する。
7.2	2030年までに、世界のエネルギー・ミックスに占める再生可能エネルギーの割合を大幅に増加させる。
7.3	2030年までに、エネルギー効率の改善率を世界的に倍増させる。
7.4	2030年までに、再生可能エネルギー、エネルギー効率、先進的でクリーンな化石燃料技術を含むクリーンエネルギー研究・技術へのアクセスを容易にするための国際協力を強化しエネルギーインフラとクリーンエネルギー技術への投資を促進する。
7.5	2030年までに、開発途上国、特に後発の開発途上国、孤島や内陸の開発途上国において、支援プログラムに従い、すべての人に近代的かつ持続可能なエネルギーサービスを供給するためのインフラを拡大し、技術を向上させる。

すべての人々のための持続的、包摂的かつ持続可能な経済成長、生産的な完全雇用およびディーセント・ワークを促進する

■直面している主な課題・問題

●新型コロナウイルス感染症以前に比べ、世界経済の成長は減速。1人当たりのGDP成長率2.0%（2010-2018）対1.5%（2019）。
●新型コロナウイルス感染症の影響で、世界は大恐慌以来、最悪の景気後退に直面している⇒2020年には1人当たりのGDPは、4.2%減少し、コロナ後、さらに減速している。
●コロナ禍によりインフォーマル経済で働く16億人の労働者が生計手段を失った。
●観光業は未曽有の課題に直面。2020年外国人観光客数、8億人〜11億人相当が減少。
●新型コロナ感染症により、2020年第2四半期で4億人相当の仕事が失われた。

■ターゲット

8.1	各国事情に応じた1人当たりの経済成長、特に後発開発途上国においては少なくとも年率7%の国内総生産成長率を持続させる。
8.2	高い付加価値の部門、労働集約的な部門へのフォーカスを含め、多様化、技術向上、イノベーションを通じて、より高いレベルの経済生産性を達成する。
8.3	生産活動、ディーセント・ジョブ（働きがいのある人間らしい仕事）の創出、起業家精神、創造性、イノベーションを支援し、金融サービスへのアクセスを含め、零細・中小企業の正規化と成長を奨励する開発志向の政策を促進する。
8.4	2030年までに、消費と生産における世界的な資源効率を漸進的に改善し、先進国が主導して、持続可能な消費と生産に関する10カ年計画の枠組みに従って、経済成長と環境劣化を切り離すよう努力する。
8.5	2030年までに、若者と障害者を含むすべての女性と男性のための完全かつ生産的な雇用とディーセント・ワーク（働きがいのある人間らしい仕事）、労働に対する同等賃金価値の獲得を達成できるよう促進する。
8.6	雇用、教育または訓練を受けていない若者の割合を大幅に減少させる。
8.7	強制労働を根絶、現代の奴隷制と人身売買を終わらせ、児童兵士の徴用と使用を含む最悪の形態の児童労働の禁止と撤廃を確保し、2025年までにあらゆる形態の児童労働を終わらせるための即時かつ効果的な措置を講じること。
8.8	移民労働者、特に女性移民、不安定雇用の労働者を含むすべての労働者の労働権を保護し、安全で安心な労働環境を促進する。
8.9	2030年までに、雇用を創出し、地域の文化と製品を促進する持続可能な観光を促進するための政策を考案し、実施する。
8.10	すべての人のための銀行、保険、金融サービスへのアクセスを奨励し拡大するために、国内金融機関の能力を強化する。

レジリエントなインフラを整備し、包摂的で持続可能な産業化を推進するとともに、イノベーションの拡大を図る

■直面している主な課題・問題

- 新型コロナウイルス感染症以前に比べ、製造業の成長率は低下した。関税と貿易摩擦が原因。
- 新型コロナウイルス感染症の影響として、航空業界の業績は史上最大の急落に直面。2020年1月～5月、航空機利用者数は世界で51％以上減少。2022年まで影響している。
- 小規模産業がコロナ危機を克服するためには支援援助が必要。開発途上で貸付を受けられるのは35％のみ。(2018)
- 研究開発投資は増大しているものの加速が必要。1.4兆円（2017）⇒2.2兆円（2010）
- 後発開発途上国でインターネットを利用できるのは5人に1人未満(2019) だったがさらに悪化。

■ターゲット

9.1	2030 年までに、経済発展と人間の福利を支えるため、地域・国境を越えたインフラの整備が必須。質の高い、信頼できる、持続可能で強靭なインフラを、世界の万人にとって安価で公平なアクセスに焦点を当てながら整備する。
9.2	2030 年までに、包括的かつ持続可能な工業化を促進し、雇用と国内総生産に占める工業の比率を、各国状況に合わせて大幅に引き上げること。同時に、後発開発の途上国における同比率も倍増させること。
9.3	途上国の小規模産業およびその他の企業の、手頃な価格のクレジットを含む金融サービスへのアクセス、およびバリューチェーンと市場への統合を増加させる。
9.4	2030 年までに、すべての国がそれぞれの能力に応じて行動を起こし、資源利用の効率化を高め、環境に優しい技術や産業プロセスを拡大すること。インフラをアップグレードし、産業を持続可能にすること。
9.5	2030 年までに、イノベーションを奨励し、100 万人当たりの研究開発従事者の数および公的・私的研究開発支出を大幅に増加させる。すべての国、特に途上国の産業部門の技術力を向上させる。

GOAL 10

国内および国家間の不平等を是正する

■直面している主な課題・問題

●新型コロナウイルス感染症以前には、所得の不平等は幾つかの国で縮小したが、84か国のうち38か国でジニ係数が低下（2017）した。新型コロナウイルスにより、先進国と途上国における平均ジニ係数＊が６％上昇した(不平等が悪化した)。
（＊ジニ係数：所得の不平等を０～100で測る指標で、０は全ての人に所得が平等に行きわたる状態）
●新型コロナウイルス感染症の影響で、最も脆弱な立場に置かれた人々が、コロナ禍による打撃を最も受けている。
●世界的な景気後退で、開発途上国への開発援助が目減りした。
4,200億ドル(2017）⇒2,710億ドル(2018)。その後もさらに目減りしている。
●データが得られる国のうち、包括的な移住政策を備えている国の割合は54％以上。

■ターゲット

10.1	2030 年までに、下位 40％の人々の所得が全国平均を上回る成長を漸進的に達成し、維持する。
10.2	2030 年までに、年齢、性別、身体障害、人種、民族、出身、宗教、経済的地位などにかかわらず、すべての人が社会的、経済的、政治的包摂を推進する権限を持てるようにする。
10.3	差別的な法律、政策、慣行を撤廃し、この点に関する適切な法律、政策、行動を促進することを含め、機会均等を確保し、結果の不平等を低減させる。
10.4	財政政策、賃金政策、社会保護政策を採用し、より大きな平等を達成する。
10.5	世界の金融市場および金融機関に対する規制と監視を改善、その実施を強化する。
10.6	より効果的で、信頼性があり、説明責任を果たし、正当な制度を実現するために、国際的な経済・金融機関の意思決定の場で、途上国の発言力の強化を確保する。
10.7	計画的で、管理された移住政策の実施。秩序があり安全で定期的に、人々の移動と移住を促進する。

都市と人間の居住地を包摂的、安全、レジリエントかつ持続可能にする

■直面している主な課題・問題

- 新型コロナウイルス感染症以前は、スラムで暮らす人口の割合が、2018年時点で24%だった。
- 新型コロナウイルス感染者の90%以上は都市部で罹患した。
- 公共緑地から徒歩400メートル以内に暮らす人々は、人口の47%。
- 公共交通手段のアクセスが可能なのは、世界の都市住民のわずか半数。(2019)
- 2016年の時点で、420万人の早死の原因が大気汚染。環境の状態は悪化している。

■ターゲット

11.1	2030年までに、すべての人が適切で安全かつ安価な住宅と基本的サービスにアクセスできるようにし、スラム街を改善する。
11.2	2030年までに、すべての人に安全で、安価で、持続可能な交通システムへのアクセスを提供し、特に公共交通機関の拡大により交通安全を改善する。脆弱な状況にある人々、女性、子ども、障害者、高齢者ニーズに特別な注意を払う。
11.3	2030年までに、すべての国において、包摂的で持続可能な都市化と、参加型･統合型･持続可能な人間居住計画･管理のための能力を強化する。
11.4	世界の文化遺産および自然遺産を保護し守るための取り組みを強化する。
11.5	2030年までに、貧困層と脆弱な状況にある人々の保護に焦点を当て、水災害を含むすべての災害による死者数と被災者数を大幅に削減する。世界の国内総生産に対する直接的な経済損失を大幅に減少させる。
11.6	2030年までに、大気の質、都市廃棄物管理などに特別な注意を払うことで、都市の1人当たりの環境への悪影響を低減させる。
11.7	2030年までに、特に女性や子ども、高齢者、障害者にとって安全で、包括的で、利用しやすい、緑豊かな公共空間への普遍的なアクセスを提供する。

持続可能な消費と生産のパターンを確保する

■直面している主な課題・問題

●新型コロナウイルス感染症以前は、世界は持続不可能な形で天然資源を利用していた。
全世界のマテリアルフットプリント732億トン(2010)⇒859億トン(2017)
●新型コロナウイルス感染症の影響を、より持続可能な未来を実現する復興計画を策定する機会にする。
●電気・電子機器の廃棄物は38%増加した。しかしリサイクル率は20%未満。(2019)
●化石燃料への補助金増額が気候危機を助長した。
3,180億ドル（2015）⇒4,270億ドル（2018)、環境問題として注目されている。
●世界14%以上の食料がサプライチェーン内で消滅した≒食品消滅。(2018)
抜本的なサプライチェーンの見直しが急務と注目されている。

■ターゲット

12.1	持続可能な消費と生産パターンに関する10年間のプログラム枠組みを実施。すべての国が行動し、先進国が主導して開発途上国の発展と能力を考慮する。
12.2	2030年までに、天然資源の持続可能な管理と効率的な利用を実現する。
12.3	2030年までに、小売店、消費者における1人当たりの世界の食品の廃棄物を半減させ、ポストハーベスト・ロス（食料が生産の段階や収穫の後に廃棄されること）を含む生産サプライチェーン上の食品ロスを低減する。
12.4	合意した国際的な枠組みに従って、化学物質とすべての廃棄物のライフサイクルを通して環境に配慮した管理を実現する。人の健康と環境への悪影響を最小限に抑えるため、大気、水、土壌への排出量を大幅に削減する。
12.5	2030年までに、予防、削減、リサイクル、再利用を通じて、廃棄物の発生を大幅に削減する。
12.6	企業、特に大企業や多国籍企業に対し、持続可能な慣行を採用し、必要な情報を、持続可能なサイクルに組み入れるよう奨励する。
12.7	国の政策と優先順位に従って、持続可能な公共調達の実践を促進する。
12.8	2030年までに、あらゆる国の人々が、持続可能な開発と自然と調和したライフスタイルのための情報と意識を持つことを確実にする。

気候変動とその影響に立ち向かうため、緊急対策を取る

■直面している主な課題・問題

●新型コロナウイルス感染症以前は、気候による危機を逆転させるために必要な公約をためらう国際社会だった。2019年は、記録が残る中で２番目に暖かい年。地球の気温は、2100年までに最大で3.2度も上昇すると推定される＝人が生活できる気温をはるかに上回る。（＊気温上昇を、1.5度以内に抑えること必須）

●新型コロナウイルス感染症で、経済活動が止まり2020年の温室効果ガス排出量は６％減少。それでも、地球温暖化を1.5度に抑えるために必要な年間7.6％の削減には及ばない。

●国際的な防災戦略を策定しているのは、わずか85か国のみ。

●気候ファイナンスについて、化石燃料への投資が、気候対策への投資を上回るのは問題。

●気候変動で、自然災害（大規模山火事、干ばつ、ハリケーン、洪水）の頻度と深刻度が悪化。2018年には被災者が3900万人を上回った。

■ターゲット

13.1	すべての国において、気候に関連する危険および自然災害に対する回復力および適応能力を強化する。
13.2	気候変動対策を国の政策、戦略および計画に統合する。
13.3	気候変動の緩和、適応、影響の軽減、早期警報に関する教育、啓発、人的・制度的能力を向上させる。
13.4	国連の気候変動枠組条約。先進締約国が行った有意義な緩和行動と実施の透明性の観点から、途上国ニーズに対応するため、あらゆる資金源から毎年 1,000 億ドルを共同で支援すると約束。グリーン気候基金の資本増強を通じた完全運用をできるかぎり早く開始すること。
13.5	女性、若者、地域社会。疎外されたコミュニティに焦点を当てること、後発の開発途上国を焦点に、効果的な気候変動計画と管理のための能力を高めるためのスキームやメカニズムを推進すること。

海洋と海洋資源を持続可能な開発に向けて保全し、持続可能な形で利用する

■直面している主な課題・問題

●新型コロナウイルス感染症以前では、海洋の酸性化が、海洋環境と生態系サービスを脅威にさらしていた。2100年までに、海洋酸性度は、100-150％まで高まり、海洋生物の半数に影響が出る見込み。
●全世界で保護区指定されている海洋生物の多様性の割合は上昇した。30.5％（2000）⇒44.8％（2015）⇒46.0％（2019）
●持続可能な漁業はGDPに貢献する。
●97か国が、違法・無報告・無規制漁業の国際協定「寄港国措置協定」に署名している。

■ターゲット

14.1	2025年までに、あらゆる種類の海洋汚染、特に、海洋ゴミや栄養塩汚染を含む陸上活動による海洋汚染を防止し、大幅に削減する。
14.2	海洋生態系を持続的に管理・保護し、健康で生産的な海洋環境を実現する。その回復力を強化することを含め、すべての悪影響を回避するための行動を起こす。
14.3	あらゆるレベルにおける科学的協力の強化を通じて、海洋酸性化の影響を最小化し、これに対処する。
14.4	漁獲を効果的に規制し、乱獲、違法・無報告・無規制漁業、破壊的漁業をやめさせる管理計画を実施すること。最短時間で、最大の持続可能な収穫量を生み出すことができるレベルまで魚類資源を回復させる。
14.5	国内法および国際法、入手可能な最善の科学的情報に基づき、2020年までに沿岸および海洋地域の少なくとも10%を保全する。その後も保全の拡大を目指す。
14.6	過剰生産能力と過剰漁獲の原因となる特定の形態の漁業補助金を禁止し、違法、無報告、無規制の漁業の原因となる補助金を排除する。発展途上国と後発開発途上国に対する適切で効果的な対応が、WTO（世界貿易機関）の漁業補助金の交渉に不可欠である。新たな補助金を導入しないようにする。
14.7	2030年までに、漁業、水産養殖、観光の持続可能な管理を促進する。海洋資源の持続可能な利用で、開発国及び後発開発途上国の経済的利益を増大させる。

陸上生態系の保護、回復および持続可能な利用の推進、森林の持続可能な管理、砂漠化への対処、土地劣化の阻止および逆転、ならびに生物多様化損失の阻止を図る

■直面している主な課題・問題

- ●新型コロナウイルス感染症以前、世界は2020年までに生物多様性損失を阻止するという目標を達成できなかった。3万1000種を超える生物が絶滅の危機に直面している。
- ●新型コロナウイルス感染症の影響で、野生生物の違法の取引が生態系を混乱させ、感染症の蔓延を助長した。
- ●農地の拡大により、森林面積は依然として恐るべき速さで縮小している。毎年、1000万ヘクタールの森林破壊（2015-2020）があった。
- ●地球上の陸域20億ヘクタールが劣化している。32億人に影響。生物種の絶滅と気候変動で陸の環境も悪化している。
- ●生物多様性を国家計画にするという目標達成の目途が立っているのは、世界113か国のうち３分の１のみ。

■ターゲット

15.1	陸域・内陸の淡水生態系とそのサービス、特に森林、湿地、山岳、乾燥地の保全と回復、および持続可能な利用を、国際協定上の義務に即して確保する。
15.2	あらゆる種類の森林の持続可能な管理の実施を促進し、森林減少を食い止め、劣化した森林を回復し、植林と再植林を世界的に大幅に増加させる。
15.3	2030 年までに、砂漠化と闘い。干ばつ、洪水の影響を受けた土地、劣化した土地・土壌を回復させること。ニュートラルな世界を達成するよう努力する。
15.4	2030 年までに、持続可能な開発に不可欠な便益を提供する能力を強化するために、生物多様性を含む山岳生態系の保全を確保する。
15.5	自然生息地の劣化を減らし、生物多様性の損失を止め、絶滅のおそれのある種の保護と絶滅を防止するための緊急かつ重要な行動をとる。
15.6	国際的に合意されたとおり、遺伝資源の利用から生じる利益の公正・衡平な配分を促進する。当該資源への適切なアクセスを促進する。
15.7	保護されている動植物の密猟と取引をなくし、違法な野生生物製品の需要と供給の両方に対処するために緊急の行動をとる。
15.8	陸上および水上の生態系への侵略的外来種の持ち込みを防止し、その影響を大幅に軽減するための措置を導入し、優先種を管理または根絶する。
15.9	生態系と生物多様性の価値を国や地域の計画、開発プロセス、貧困削減戦略、会計に統合する。

持続可能な開発に向けて平和で包摂的な社会を推進し、すべての人々に司法へのアクセスを提供するとともに、あらゆるレベルにおいて効果的で責任ある包摂的な制度を構築する

■直面している主な課題・問題

●新型コロナウイルスの影響は、世界の平和と安全に一層の脅威を与えた。2019年時点で、戦争や迫害、紛争を恐れる人の数は7950万人を超え史上最多を記録。（＊2021年２月下旬には、ロシア―ウクライナ紛争が勃発し死者数を増やした）

●全世界の殺人率・犯罪率は、コロナで増加した。全世界の殺人の犠牲者数は44万人。

●127か国は知る権利、または情報の自由に関する法律を採択した。

●60％の国では、刑務所が過密状態なり、新型コロナウイルス感染症の蔓延が懸念された。

■ターゲット

16.1	あらゆる場所、あらゆる形態の暴力とそれに関連する死亡率を大幅に減少させる。
16.2	子どもに対する虐待、搾取、人身売買、あらゆる形態の暴力および拷問をなくす。
16.3	国内および国際的なレベルで法の支配を推進し、すべての人が平等に司法にアクセスできるようにする。
16.4	2030 年までに、不正な資金および武器の流れを大幅に削減し、盗難資産の回収と返還を強化する。あらゆる形態の組織犯罪と闘うこと。
16.5	あらゆる形態の汚職と贈収賄を大幅に削減すること。
16.6	あらゆるレベルで、効果的で説明責任を果たし、透明性のある制度を発展させる。
16.7	あらゆるレベルで、応答的、包括的、参加的かつ代表的な意思決定を確保する。
16.8	グローバル・ガバナンスの諸機関への途上国の参加を拡大し強化すること。
16.9	2030 年までに、出生登録を含む法的身分をすべての人に提供する。
16.10	国内法・国際協定に従い、情報への公的アクセスを確保し基本的自由を保護する。

持続可能な開発に向けて実施手段を強化し、グローバル・パートナーシップを活性化する

■直面している主な課題・問題

●新型コロナウイルス感染症以前、2019年のODA総額は1,474億ドル。対2018年でほぼ同額。
●アフリカ援助額は、対2018年で1.3%増。開発途上国への援助額は2.6%増だった。
●貧困世帯にとって経済的な命綱である送金は減少した。
5,540億ドル（2019）⇒4,450億ドル（2020）＊コロナでさらに減少。
●世界の外国直接投資は、2020年は最大で40%減少。
●ネット利用が増え、固定ブロードバンド回線加入者が増えた。
先進国では2019年に、住民100人当り33.6人。途上国では同11.2人。
●統計データ調査の国際的資金額は、6億9,000万ドルのみ。（2020）
必要な金額の50%（半分）に過ぎない。

■ターゲット

(1) Finance（資金調達）

17.1	税・その他の歳入徴収で、国内能力を向上させるため、途上国への国際支援を含む国内の資源動員を強化すること。
17.2	先進国は、国民総所得の0.7%を途上国へのＯＤＡ(政府開発援助)に充当、0.15〜0.20%を後発開発途上国へのＯＤＡ支援に充当するとの公約がある。政府開発援助の公約を実行し、先進ＯＤＡ提供国は、ＯＤＡの0.20%以上を後発開発途上国に持続可能な形で定期的に提供する目標を設定するよう奨励されている。
17.3	開発途上国の安定支援ために、複数の資金国から追加の資金源を確保する。
17.4	必要に応じて、債務融資、債務救済、債務再編の促進を実行する。協調的な政策を通じて、途上国が長期的な債務の持続可能性を達成することを支援すること。債務苦を軽減するために高負担の貧困国の対外債務に対処する。
17.5	後発の開発途上国に対する投資促進制度を採択し実施する。

(2) Technology（技術）

17.6	科学・技術・イノベーションに関する北南米・南米・三国間の地域協力、国際協力を強化し、特に国連レベルでの既存メカニズムの調整を改善する。グローバル技術促進を通じて相互に合意した条件で知識の共有を強化する。
17.7	開発途上国に対し、譲許的条件、特恵的条件を含む有利な条件で、環境に配慮した技術の開発・移転・普及・伝播を促進する。
17.8	後発の開発途上国のための銀行・科学技術・イノベーションの構築メカニズムを完全に運用し、情報通信技術を中心に、実現技術の利用を促進する。

(3) Capacity-building（キャパシティ・ビルディング）

17.9	持続可能な開発目標を実施するため、国家計画を支援する。開発途上国において効果的で、的を絞った能力構築を実施するための国際支援を、南北協力、南南協力、三角協力を通じて強化する。

(4) Trade（貿易）

17.10	ＷＴＯ（世界貿易機関）のもとで、ドーハ開発アジェンダの交渉終結を含め、普遍的、開放的、非差別的、公平な多国間貿易システムを促進する。
17.11	開発途上国の輸出を大幅に増加させ、特に世界の輸出に占める後発の開発途上国の割合を倍増させる。
17.12	後発の開発途上国からの輸入に適用される特恵原産地の規則が透明で簡素であること。市場アクセスの促進を確保すること。ＷＴＯ（世界貿易機関）の決定に従い、すべての後発の開発途上国に対する免税や市場アクセスを持続的にタイムリーに実施すること。

(5) Systemic issues（システム上の課題）

① Policy and institutional coherence（政策・制度の一貫性）

17.13	政策協調と政策一貫性を通じたものを含め、世界のマクロ経済の安定を強化する。
17.14	持続可能な開発のための政策の一貫性を強化する。
17.15	貧困撲滅と持続可能な開発のための政策を確立し実施するために、各国の政策空間とリーダーシップを尊重する。

② Multi-stakeholder partnerships（マルチステークホルダー・パートナーシップ）

17.16	すべての国における持続可能な開発目標の達成を支援するため、知識、専門性、技術、資金を動員し共有するマルチステークホルダーのパートナーシップ連携で、持続可能な開発のためのグローバル・パートナーシップを強化する。
17.17	パートナーシップ構築と資金調達の方法に基づき、公的・官民、市民社会のパートナーシップを横の繋がりも奨励し促進する。

③ Data, monitoring and accountability（データ、モニタリング、アカウンタビリティ）

17.18	質の高い、時宜に適った、信頼できるデータの利用可能性を大幅に高めるために、後発の開発途上国を含むすべての国に対する能力開発支援を強化する。 （所得、性別、年齢、人種、民族、移住の状況、障害、地理的位置、各国の状況に関連する特性によって細分化されデータやモニタリングを構築すること）
17.19	2030 年までに、持続可能な開発の進捗の測定方法を開発する。既存イニシアティブを構築し、統計能力の集約レベルを高めること。

あとがき

ＳＤＧｓ「(Sustainable Development Goals) 持続可能な開発17目標」がニューヨークの国連総会で採択されたのは二〇一五年。ＳＤＧｓ17目標はある日突然、生み出された目標ではありません。

二〇〇一年に提唱された「ＭＤＧｓ (Millennium Development Goals) ミレニアム開発8目標」が、それから一五年後のＳＤＧｓでは17項目に増えた事実に注目しなければいけません。

ＭＤＧｓの結果について、元世界銀行アフリカ局・環境天然資源ユニット上級業務専門家の黒田和秀さんは、二〇一三年四月の国連フォーラムのインタビュー「ポスト２０１６年開発アジェンダ：世界銀行職員の視点より」で、「8つの目標の中の21のターゲットの内、達成できているのは三つ未満です。このままでは二〇一五年までに掲げている目標を達成するのは相当難しいことが明らかです。(中略) ポスト２０１５協議会を数か月後に控えたこの重要な分岐点において、過去の開発目標から教訓を学び、現在のＭＤＧｓとのギャップを分析し、より良くするにはどうしたらよいかを考えるべきである」と述べています。

そして、二〇二〇年に勃発したCOVID-19（コロナ）によるパンデミックの影響から大幅に進捗が遅延しており、SDGs17目標はさらに達成困難になりつつあります。

二〇三〇年までに達成しなければならないSDGs17目標（169ターゲット）は、残念ながら順調とは言えない状況です。


今を生きる私達だけでなく、これからの未来を背負う次世代（二〇代のZ世代、三〇代のミレニアル世代、そしてそれ以降に生まれたベイビー世代はアルファ世代と呼ばれる）のためにも、達成に向けた行動を加速する必要があります。

個人として出来ることをしていくことは大切ですが、SDGs#17が「パートナーシップで目標を達成しよう」と示しているように、国・行政はもちろんのこと、企業、各国のNGO／NPO法人、研究機関、機関投資家、そして各専門家や個人も、連帯協力して取り組むことが、未来のSDGsを達成する上で最大のポイントとなっています。

二〇二〇年〜二〇二一年、コロナによって今まで見えていなかった世界の状況が水面下から可視化されるようになりました。


中でも重要なのは、環境破壊、児童労働、企業のコンプライアンス、人間の生活が環境に必要以上に負荷をかけていること、各国の水面下に蔓延（はびこ）る人権問題、これら一つ一つに目を向け、改善への取り組みを継続することだと思います。

欧米企業が行ったコロナ禍一〜二年のSDGsピボット戦略の12事例を本書で紹介しましたが、SDGsは、今後企業が環境・社会・ガバナンスを考慮し、社会での存在価値を高めてゆく上で非常に重要な目標であり、概念です。

今、これを取り入れて企業経営戦略に反映させるか、コストを懸念して先送りにするかで、日本とアメリカ社会の活動の結果に、三年後にはさらに大きな差が出ることは明らかです。

海外進出を考えている日系企業の方々と会話をする中、「企業がＳＤＧｓに取り組むことはコスト高となる」との声をしばしば耳にします。しかし、ＳＤＧｓ目標と概念は、今後グローバル企業としてその存在価値を示し生き残っていくために必須の目標であり、「今こそ」企業理念として取り入れるべきなのです。

もう一つ重要な視点として、デジタルネイティブと呼ばれる次世代（Ｚ世代・ミレニアル世代、その後続であるアルファ世代たち）の、デジタルを使ったスピードと共感が、今後の社会の主流になっていくことが明らかな中、企業とともに世代ごとの未来思考を目指す共同連携が必須となってきます。

ＳＤＧｓは、国連が各国のグローバル企業に向けて発信したものです。すでにアメリカを含む欧米企業は、ＳＤＧｓには多くのビジネスチャンスが眠っていることに気付いています。

本書が、ＳＤＧｓの意義と目標、アメリカを含む欧米企業が、どのような戦略で、ポストコロナを乗り越えようとしているかを知るきっかけとなり、理解を深めるための一助となれば幸いに存じます。

最後に、本書の発行にあたりNY在住ジャーナリストでZ世代・ミレニアル世代評論家のシェリーめぐみさんと共作したパワーポイントの資料と次世代の見解を参考にさせていただきました。

本書に推薦の言葉を寄せて下さった元国際連合、元世界銀行の上級専門官で現在は開発コンサルタント兼同志社大学講師を務める黒田和秀氏に心からの感謝と御礼を述べさせていただきます。そして、最後に本書の装幀を担当して下さった大森賀津也さんに、心より御礼を申し上げます。また、校正校閲を含め、その他一つひとつに沢山の助言と常に温かいサポートをくださった新潮社図書編集室の川上浩永さんに御礼を申し上げます。ありがとうございました。謹んで心から感謝の気持ちをお贈りします。

本著の収益は、弊社「ＳＤＧｓＮＹ基金」に保有し国連ＳＤＧｓに関わる途上国の子供達への教育や食糧、および環境プロジェクトへの投資支援金として活用させていただきます。

ありがとうございました。

古市　裕子

二〇二三年一一月

著者紹介

ストーリー

幼少の頃から欧米文化に惹かれ華やかな世界を夢みてきました。日本の私大（四年制の日本文学科）卒業後、外務省認可の財団法人名古屋国際センター（愛知県名古屋市那古野／ＮＰＯ法人国際交流団体）に就職。
そこで、それまでまったく縁のなかった途上国の子供達と出会いました。学校の校舎もない野原で勉強しているミャンマーの子供達の笑顔とキラキラした目の光は、日本の子供達のそれとは対照的で衝撃的でもありました。

その衝撃的な経験と前後し導かれるように、国連ユニセフとユネスコが促進していた途上国に学校を作るファンドレイジング活動に携わる機会を得ました。その活動は、私の人生の中心となり、今ではライフワークともなっています。

そのファンドレイジングを通じ一九九三年には、カンボジアへの支援二五〇〇万円をはじめ、他五か国に一〇〇〇万円ずつ支援金を供与したのですが、現地情報がなかなか国連ユニセフ本部に伝わらないため支援の行き詰まりを感じ、それならば！　と、途上国への教育支援に国連本部から関与するため、ニューヨークにやってきました。

幸い二〇〇一年にニューヨークのユニセフ本部にポスト（P2：Fundraising Officer）を得ることができたのですが、その一週間後に、米国同時多発テロが勃発。プロジェクト予算が復興資金として再編成されたことにより、プロジェクトは解散することになり、ユニセフ本部で働く夢が遠のきました。その後、ジェトロ・ニューヨーク（独立行政法人日本貿易振興機構貿易保険部署）に在籍し、日本政府側の職員として一七年間、経済発展に寄与することになりました。

転機は二〇一五年。国連がＳＤＧｓを提唱した同年、ジェトロを退職し独立しました。日本に一時帰国した折に、日本の次世代若者達の目の輝きが、以前にもまして元気がなくなっていることに気付いたのをきっかけに、ＳＤＧｓを基軸とした持続可能な開発17目標とグローバル企業の存在価値を掛け合わせることを考えはじめました。

二〇二〇年、厚生労働省のキャリアコンサルタント国家資格を取得した後は、日米の次世代若者達からキャリアパスの相談に乗るようになり、そのことがきっかけで、ＳＤＧｓ達成のために、次世代のチカラと企業存在価値を掛け合わせることを考えはじめました。

振り返ると私の人生において、一九九五年のニューヨーク移住、二〇一五年のジェトロ・ニューヨーク退職後の独立が二つの大きな転機になりました。

二〇一九年から国連大学ＳＤＧｓサステナブル高等研究所に在籍、これが日々のアクションの起点となり、ジェトロでの経験とを合わせた【サステナブル経営×次世代×企業存在価値】が考え方のベースとなりました。

二〇一五年の転機からは、稲盛和夫氏から企業経営のフィロソフィーを学びながら、「利他の心」「動機善なりや、私心なかりしか」を弊社の社是とし、ＳＤＧｓを根幹としたすべての人間が幸福になる社会貢献を目標としています。

日々発生する事象を自分ごととして捉え、初心に立ち返り感謝と努力を繰り返していく所存です。周囲の方々から叱咤激励をいただきながら、これまで同じ毎日の時間軸で私の人生に関わってくださったすべての方々に感謝致します。

今までの主な経歴

一九九〇～一九九五年：国連ユニセフ／ユネスコの識字教育案件を担当。日本ファンドレイジング活動を展開し七五〇万円をアジアに資金供与。

一九九五年：ニューヨークに移住。

一九九九年：ＮＹ市立大学大学院・政治経済学及び国際関係論修士課程卒。

一九九八～二〇一五年：ジェトロ・ニューヨーク貿易保険局勤務（現在のＮＥＸＩ日本貿易

保険）、中南米カントリーリスク／企業信用リスク調査。調査執筆は『貿易保険』誌や『通商弘報』（ＭＥＴＩ経済産業省刊行物）、「New American Policy」ジェトロ発行情報に寄稿。

二〇一五年：国連ＳＤＧｓ提唱年に、独立起業。サステナブル企業経営に従事。

現在、【ＳＤＧｓ×次世代×企業価値】の観点から、多数の日系企業ＮＹビジネス進出×市場調査を支援。次世代向けのグローバルキャリアパス支援も行う。ニューヨークを拠点に【サステナビリティ（ＳＤＧｓ）×次世代の意識と行動×企業存在価値】を高めるための日米ビジネス進出支援を行う。北米に進出される日系企業の米国法人設立からスタートアップ経営基盤づくりや北米市場調査を実施する。

その他、女性のエンパワメント戦略や、次世代向けのグローバルキャリア支援も行いながら、東京都特定非営利活動法人グローバルプレス：在外ジャーナリスト協会のメンバーとして欧米企業のＳＤＧｓ戦略を取材しサステナビリティなどの記事も連載している。

本書は二〇二一年一二月に電子書籍で出版されたものに加筆修正したものです。

著者略歴
古市裕子（ふるいち・ひろこ）ニューヨーク在住。NY Marketing Business Action, Inc 代表(2015年起業)。日本で1990年〜1993年、財団法人名古屋国際センター勤務、国連ユニセフのアジア向け識字教育案件を担当。1995年にニューヨークに移住。1999年 NY 市立大学大学院・政治経済学及び国際関係論修士卒。1998年〜2015年ジェトロ・ニューヨークで貿易保険局（現在の NEXI 日本貿易保険）に勤務。中南米案件を担当し、調査レポを『貿易保険』誌や『通商弘報』(METI 経済産業省刊行物)、「New American Policy」ジェトロ情報に寄稿。2015年の国連 SDGs 提唱年に独立。現在、国連大学サステイナビリティ高等研究所にも所属し【SDGs×次世代×これからの企業価値】を研究。サステナブル経営アドバイザーとして多数の日系企業の北米ビジネス進出を支援。国連フォーラム NY 勉強会幹事、NY 邦人メディア紙 SDGs 連載コラムニスト。東京都特定非営利活動法人・在外ジャーナリスト協会（Global Press）所属。キャリアコンサルタント（国家資格）として次世代のグローバルキャリアパス支援も行う。

欧米企業に学ぶ
SDGs転換戦略の現在
サステナブル×次世代×これからの企業価値

著 者
古市 裕子

発 行 日
2023年12月20日

発行　株式会社新潮社 図書編集室
発売　株式会社新潮社
〒162-8711 東京都新宿区矢来町71
電話 03-3266-7124

印刷所
錦明印刷株式会社
製本所
加藤製本株式会社

ISBN978-4-10-910269-8　C0034